“十四五”职业教育河南省规划教材

会计基础

（第二版）

主　编　张　春　王金鑫
副主编　蒋　晶　贺坤丽

中国财经出版传媒集团
中国财政经济出版社

图书在版编目（CIP）数据

会计基础/张春，王金鑫主编．--2版．--北京：中国财政经济出版社，2021.12

“十四五”职业教育河南省规划教材

ISBN 978-7-5223-1021-3

Ⅰ.①会… Ⅱ.①张… ②王… Ⅲ.①会计学-高等职业教育-教材 Ⅳ.①F230

中国版本图书馆CIP数据核字（2021）第255961号

责任编辑：樊　闽　　　　责任校对：张　凡

封面设计：育林华夏

中国财政经济出版社 出版

URL：http://www.cfeph.cn

E-mail：cfeph@cfeph.cn

社址：北京市海淀区阜成路甲28号　邮政编码：100142

营销中心电话：010-88191522

天猫网店：中国财政经济出版社旗舰店

网址：https://zgczjjcbs.tmall.com

北京富生印刷厂印刷　各地新华书店经销

成品尺寸：185mm×260mm　16开　13.25印张　306 000字

2022年8月第2版　2022年8月北京第1次印刷

定价：39.00元

ISBN 978-7-5223-1021-3

（图书出现印装问题，本社负责调换，电话：010-88190548）

本社质量投诉电话：010-88190744

打击盗版举报热线：010-88191661　QQ：2242791300

编写说明

本教材是“十四五”职业教育河南省规划教材，作为全国高职高专院校财务会计类专业教材使用。

“经济越发展，会计越重要”，随着经济社会的不断发展，会计在经济管理中的地位与作用日显重要。要想做好经济管理工作，必须了解和掌握会计的基本理论、技能、方法等。《会计基础》是财务会计类专业的专业核心基础课程，也是财经商贸大类其它专业的必修课程之一。本教材依据《关于推动现代职业教育高质量发展的意见》《国家职业教育改革实施方案》（国发〔2019〕4号）等文件精神，紧随我国职业教育教学改革步伐，以“加强专业和课程建设，提高人才培养质量”为指导进行编写。

本教材共十个项目，包括走进会计、识别会计要素和应用会计等式、设置会计科目和开设账户、认知复式记账法、应用借贷记账法、填制和审核会计凭证、登记账簿、开展财产清查、确定账务处理程序和编制财务会计报告。此外，每个项目都配有相关的习题，这种教、学、练合一的教学模式，既有助于学生在学习过程中理解和掌握会计的基本理论和操作技能，也有助于学生实际工作能力的培养和职业习惯的养成，更有助于进一步锻炼和提高学生分析问题和解决问题的综合职业能力。

本教材在编写过程中打破了传统的教材体系，内容设计包括任务导入、知识准备和任务实施三个层次，以会计工作流程为主线，以真实的工作情境为平台，尽可能突出以任务为导向的教学理念，既保留了全面、必须的会计基础专业知识与技能方面的内容，又开创性地将完整、真实的会计工作情境有机地融入进来。教材的编写特色主要体现在以下几个方面：

1. 思政引领，以德育人。本教材在每个项目都加入了思政元素，将专业知识点与课程思政有机融合，坚持教书与育人并行，以实现知识传授与价值引领相结合，促进学生全面发展。

2. 与时俱进，紧跟准则。会计始终是处于发展与变化之中的，而教材也应该紧跟这种发展与变化。本教材紧跟最新修订和发布的《企业会计准则》以及税法改革的变化，及时对教材内容进行修订。

3. 结构合理，体系规范。本教材根据会计工作流程，按照由浅入深、循序渐进的认知规律来安排总体结构和各章内容，全书条理清晰、结构严谨、内容精炼，易于学生对会计知识的理解、掌握和运用。

4. 资源丰富，实用性强。本教材不仅配有配套的实训与练习，还有电子课件、教案、微课、案例等信息化资源，充分发挥网络课程资源的作用，探索课堂教学和网络教育有机结合的新途径。

5. 技术支撑，提升效果。本教材运用二维码技术，学生可以通过扫描二维码查看相关内容，做到边学边思，促进学生主动、有效地学习知识，进而达到现代职业教育体系的要求。

本教材由郑州财税金融职业学院张春、王金鑫担任主编，江苏财会职业学院蒋晶、郑州财税金融职业学院贺坤丽担任副主编，成都职业技术学院王亚楠、郑州财税金融职业学院周丽媛、郭静参编。具体分工如下：项目一、项目二由郑州财税金融职业学院王金鑫编写，项目三、项目四由郑州财税金融职业学院郭静编写，项目五由郑州财税金融职业学院张春编写，项目六、项目八由郑州财税金融职业学院贺坤丽编写，项目七由郑州财税金融职业学院周丽媛编写，项目九由江苏财会职业学院蒋晶编写，项目十由成都职业技术学院王亚楠编写。

本教材为任课老师提供了课后习题答案和电子课件，如有需要，请以电子邮件形式向中国财政经济出版社索取，Email：caijingjiaocai@ 163. com，也可访问如下网址下载：http：//jiaocai. cfeph. cn。

在编写过程中，编者参阅了许多优秀的教材和论著，同时也走访了多家企业，在此一并致谢。由于编者水平有限，教材中难免存在不足之处，恳请读者批评指正。

编者

2022 年 7 月

目录

项目一

走进会计

项目导航

知识目标	能力目标
• 熟知会计的含义、职能、工作对象、目标和作用 • 理解会计核算的基本假设和基础 • 理解会计信息使用者、会计信息质量要求以及会计核算的方法	• 认识会计在企业管理中的作用 • 能够对会计核算的对象、方法、假设和基础形成感性认识 • 培养会计职业人的敬业精神和良好的职业道德修养

课程思政

“过程越是按社会的规模进行，越是失去纯粹个人的性质，作为生产过程的控制和观念总结的簿记就会越是变得必要。”

——马克思

簿记是会计的早期称呼，“经济越发展，会计越重要”其实是对马克思关于簿记评价的进一步阐述。我国社会主义市场经济体制的建立和完善，发展和充实了马克思主义的经济学理论，证明了其科学性。所以，新时代的青年，也要运用马克思主义的基本观点和方法来学习会计的基本理论。

任务一 认知会计

任务导入

郑州乐康有限公司是一家以专业生产、经营玻璃杯、塑料杯和保温杯为主的连锁企业。2021 年 1 月 1 日该公司成立时由李明和张辉共同投资设立，注册资本为人民币 100 万元。公司董事长李明先生曾指出：对会计不了解的人，很难在新时代立足，21 世纪是商业世纪，每个人都不能没有商业知识。例如，我觉得每个人都要看得懂资产负债表，而且要懂得其中的奥妙，资产负债表虽然只有一页，但附录通常有十几页，奥妙就在于附录，要看看其中是否有“话里有话”“话外有话”。李明先生一语道破了学习会计的必然性。让我们以此为切入点，步入会计职业领域，学习其中的精妙之处。

知识准备

一、会计的产生和发展

（一）会计是生产活动发展到一定阶段的产物

会计诞生在何处，发源于何地，至今尚无定论。但会计同社会生产密切相关是显而易见的，会计是随着社会生产的发展和经济管理的要求而产生、发展并不断地完善起来的。会计萌芽于旧石器时代中晚期，在这一历史时期中产生了最原始的计量、记录行为，如原始社会的“结绳记事”“刻木记事”，但这并不是真正意义上的会计行为与方法，而只是“生产职能的附带部分”。只有当人类的生产活动能够大体上保障人类生存和繁衍需要，特别是劳动成果有了剩余以后，人们开始关心劳动成果和劳动耗费的比较问题，更关心对剩余劳动成果的管理和分配，需要对他们进行计量、计算和记录，此时会计才产生。严格意义上的会计特征，在奴隶社会的繁盛时期才表现出来。那时，随着社会的发展，劳动生产力水平不断提高，出现了剩余产品，会计逐渐从生产职能中分离出来，成为独立的职能，并推动了原始的计量、记录行为向单式簿记体系的演变。

（二）会计发展史

会计学家一般将会计的历史分为古代会计、近代会计、现代会计三个阶段。

1. 古代会计阶段

从旧石器时代的中晚期到封建社会末期，古代会计阶段经历了一个漫长的发展过程。在我国，会计二字最早出现在西周时期的《周礼》中。据史料记载，我国西周王朝已设立了“司会”这一专职官吏来掌管国家和地方的“百物财用”。把每月的零星计算称为“计”，把年终的总合计算称为“会”。唐宋时期社会生产力发展迅猛，社会财富不断增加，从而使会计核算的方法又有了较大的发展。唐宋出现了“财簿”一词。到了宋朝，会计有了突飞猛进的发展，出现了“四柱清册”。“四柱”是指“旧管”“新收”“开除”“实在”，其含义分别相当于“期初余额”“本期收入”“本期支出”“期末余额”，四柱之间的平衡关系为：“旧管 + 新收 = 开除 + 实在”。明朝时我国会计开始以货币作为统一的计量单位，到了明末清初，出现了比“四柱清册”更加完备的“龙门账”核算方法。

在西方，古代会计的产生和发展也经历了漫长的过程，特别值得注意的是，在 13 世纪意大利的银行账簿中，已分别以“借主”“贷主”登记债权和债务，为近代借贷记账法奠定了基础。

2. 近代会计阶段

近代会计阶段的时间跨度一般认为应从 1494 年意大利数学家、会计学家、修道士卢卡·帕乔利（Luca Pacioli）所著的《算术、几何、比及比例概要》一书的公开出版开始，直至 20 世纪 30 年代末。在这一期间，会计的方法、技术与内容方面有两大突破：一是复式记账法的不断完善和推广；二是成本会计的产生与迅速发展。卢卡·帕乔利在《算术、几何、比及比例概要》的《簿记论》一章中，系统地总结了借贷记账法的相关知识，这些知识被公认为是形成文字的复式记账法，复式记账法的地位从此得以确立，并在欧洲的其他国家传播、提高。19 世纪中叶至 20 世纪初期，在英国工业革命的影响下，顺应社会大生产需要的“股份公司”形式开始在欧洲各国流行。为了适应这一经济形式对生产管理的要求，以记账、算账为主的簿记逐渐发展为会计，其主要标志是出现并形成了从填制凭证、登记账簿到编制报表整个账务处理程序的会计循环理论与实务。当代财务会计的许多基本原则和方法在这一时期产生，并成为会计核算的基础。自 20 世纪初期到第二次世界大战爆发前，传统财务会计的财务处理程序进一步向系统化、标准化、规范化和理论化的方向迈进。同时，又逐步形成了主要服务于企业内部生产和经营管理的成本会计理论和实务。

3. 现代会计阶段

现代会计阶段的时间跨度是从 20 世纪 30 年代至今。此阶段会计方法、技术和内容的发展也有两个重要标志：一是会计核算手段方面质的飞跃，即电子技术与会计融合导致的“会计电算化”；二是伴随着生产和管理科学的发展，会计分化为财务会计和管理会计两大分支。

1946 年在美国诞生了第一台电子计算机，1953 年电子计算机便被用于会计核算。其后，会计迅猛发展，至 20 世纪 70 年代，财务操作软件已应用于发达国家的会计工作中。伴随着会计电算化的普及，西方各国先后研究和制定了会计准则，把会计理论和方法推上了一个新的台阶。20 世纪 50 年代以后，商品经济得到了充分发展，企业规模不断扩大，企业所有权与经营权开始分离，为满足内部管理者对会计信息的需求，管理会计逐渐与传统会计相分离，形成独立的领域。管理会计的产生与发展，是会计史上一次伟大的变革：从此现代会计形成了财务会计与管理会计两大分支。会计产生和发展的历史表明，任何社会要发展经济，都离不开会计，经济越发展、生产力水平越高、生产规模越大，人们对经济管理的要求就越高，会计也就越重要。会计正是随着经济社会的发展和科学技术的进步而不断发展变化，经历了一个由简单到复杂、由低级到高级、由不完善到逐步完善的发展过程。正如马克思所说“经济越发展，会计越重要”。

二、会计的含义

人类发展到商品经济社会后，为了适应商品经济和贸易发展的需要，会计核算的内容、方法等发生了很大的变化，会计技术获得了较大的发展。进入资本主义社会后，商品经济的规模不断扩大，会计逐步从简单的记录、计量，发展成为一门有完整方法体系的学科。会计的目的也从仅仅是为财产记录和分配服务，发展到对经济活动的所得与所费进行比较，计算和反映经营活动的盈亏情况。进入 20 世纪，特别是第二次世界大战以后，随着市场竞争的加剧，会计又发展到对企业经济活动全过程进行监督和控制，参与企业的经营决策和长期决策，为企业内部强化经营管理服务。

综上所述，会计的含义可表述为：会计是以货币为主要计量单位，采用一系列专门的方法，对企事业、机关单位或其他组织的经济活动进行连续、系统、全面、综合的核算和监督的一项经济管理活动，它也是一项经济管理工作。

三、会计的基本特征

通过对会计含义的分析和理解，可知会计具有如下基本特征：

（一）会计以货币为主要计量单位

原始的会计计量只是简单地用实物量度和劳动量度对经营活动和财务收支进行计算和记录。随着社会生产的日益发展，会计现主要以货币为主要计量单位来综合核算与监督经济活动的过程。

小贴士：

会计以货币为主要计量单位，其并不是唯一的计量单位。

（二）会计采用一系列专门的方法

为了核算和监督会计对象，会计工作需要一系列用于确认、计量和报告的专门方法，会计方法一般包括会计核算方法、会计分析方法、会计检查方法、会计预测方法、会计决策方法等。其中，会计核算方法是会计基础学习的重点。

（三）会计所反映的数据资料具有连续性、系统性、综合性和完整性

会计要反映已发生或已完成的各项经济活动，了解和考核经济活动的过

程和结果，必须按顺序对经济活动进行不间断的记录和计算，通过分类、汇总和加工整理，得出综合性的指标。随着社会生产的发展、经营规模的扩大和经济活动的日趋复杂，在经营管理上，除了要求提供反映现状的核算指标外，还要求提供预测未来的会计信息，使会计从事后反映转向预测未来，以便为实现预期效果而采取相应的措施。

（四）会计的核算职能与监督职能相结合

会计的事前、事中和事后监督是对会计核算信息的正确性、真实性和合法性进行检查和监督。会计监督是会计核算的继续和补充，对经济活动具有促进、控制、考核和指导作用，两者不能分离。会计监督首先是在反映各项经济活动的同时进行事前监督，并且利用各种价值量指标来考核经济活动的效果。随着经济的发展，参与企业预测、决策、控制、考核将成为会计工作的主要方面。

（五）会计是一种经济管理活动

会计的本质就是一项经济管理活动，它属于管理范畴。会计的目标之一是提供有助于决策制定的信息。会计信息的最终产品是决策，决策主体既包括所有者、管理人员、债权人、政府监管机构，又包括与企业财务业绩和利益相关的其他团体，决策有效性会因使用会计信息而得到加强。

四、会计职能

会计的职能是指会计在经济管理工作中所具有的功能。具体来讲，就是会计是用来做什么的。会计的职能有多种，随着社会经济的不断发展，会计职能的具体内容也在不断变化。会计的职能可以概括为：会计具有核算和监督两项基本职能和预测经济前景、参与经济决策、评价经营业绩等拓展职能。

（一）基本职能

1. 会计的核算职能

会计的核算职能又称为会计的反映职能，是会计的首要职能，也是全部会计管理工作的基础。核算职能是指会计通过确认、计量和报告，从数量上反映各个经济实体已经发生或完成的经济活动，为经营管理提供经济信息的功能。核算职能的特点表现在以下几个方面：

第一，会计主要利用货币计量来反映各单位的经济活动情况，提供经济信息。在商品经济条件下，同时辅以实物量度和劳动量度，是对经济活动价值量的补充。

第二，会计核算应对各单位经济活动的全过程进行反映，即对各主体的经济活动进行事前、事中和事后的全过程的反映，不仅记录已经发生的经济业务，还要面向未来，为经营决策和管理控制提供依据。会计核算的基础工作是对事后发生的事项进行核算和分析，但随着经济活动的日益复杂及市场竞争的日趋激烈，事前的预测和分析已经越来越占有重要地位。

第三，会计核算具有连续性、系统性和完整性。会计核算的连续性，是指会计核算要对会计对象进行连续的计量、记录和报告；会计核算的系统性，是指会计核算采用科学的程序和方法，以保证所提供的会计信息及数据资料能成为一个有机的整体，从而揭示经济活动的客观规律；会计核算的完整性，是指会计核算应对全部经济活动都必须加以记录，不得有任何遗漏。

2. 会计的监督职能

会计的监督职能又称为会计的检查职能或控制职能，是指利用专门的方法，对经济活动进行监督，督促经济活动按照规定的要求进行，以达到预期的目标。会计的监督职能主要具有以下特点：

第一，会计监督主要是通过价值量指标来进行监督工作的。企业的大部分经济活动，都会产生价值量的增减变化及价值形态的转化，因此，会计监督以价值量为主要监督依据，就能更加全面、及时和有效地监督和控制企业的各项经济活动。

第二，会计监督同样也包括事前、事中和事后的全过程的监督。事前监督是在经济活动开始前进行的监督和审查，即审查未来经济活动的合法性、合理性和效益性；事中的监督是对正在进行中的经济活动进行监督，以纠正活动过程中的失误和偏差，使经济活动按预定的目标进行；事后的全过程监督是对已经发生的经济事项进行监督、审核和分析，以总结经济活动的规律，发现及改正存在的问题。会计监督的依据有合法性和合理性两种。合法性的依据是国家的各项法令及法规，合理性的依据是经济活动的客观规律及企业自身在经营管理方面的要求。

3. 会计核算职能与监督职能的关系

会计的核算职能和监督职能关系密切，两者相辅相成。核算职能是监督职能的基础。通过会计核算生成的信息是会计监督的对象，没有核算，监督就无从谈起；而监督职能是会计核算职能质量的保证。如果没有会计监督，便不能实现会计的目标，会计核算也就没有了意义。

（二）拓展职能

会计的基本职能是核算与监督，但随着时间的推移，传统的职能已得到不断充实，新的职能不断出现，各种职能的重要性也发生了变化。会计的拓展职能主要包括以下几方面：

1. 预测经济前景

预测经济前景是指根据财务会计报告等提供的信息，定量或者定性地判断和推测经济活动的发展变化规律，以指导和调节经济活动，提高经济效益。

2. 参与经济决策

参与经济决策是指根据财务会计报告等提供的信息，运用定量分析和定性分析方法，对备选方案进行经济可行性分析，为企业生产经营管理提供与决策相关的信息。

3. 评价经营业绩

企业经营业绩评价就是为了实现企业的生产目的，运用特定的指标和标准，采用科学的方法，对企业生产经营活动过程做出的一种价值判断。

五、会计对象

会计对象就是会计所要核算和监督的内容，即会计工作的客体。从宏观来说，会计对象就是社会再生产过程中的资金运动；从微观来说，会计对象就是一个单位能够用货币表现的经济活动。以货币表现的经济活动通常又称为价值运动或资金运动。在社会再生产过程中资金运动包括各特定主体的资金投入、资金运动（资金的循环与周转）以及资金的退出等过程，而具体到企业、事业、行政单位又有较大的区别。即便同样是企业，工业、商业、农业、交通运输业、建筑业及金融业也均有各自的资金运动特点，其中工业企业最具代表性，下面以工业企业为例说明企业会计的具体对象。众所周知，任何一个企业单位要想从事经营活动，必须拥有一定的物质基础，如工业企业若想生产制造产品，必须拥有厂房、机器设备、材料物资等，这些物质基础是进行生产经营活动的前提。而在市场经济条件下，这些物资都属于商品，有商品就要有衡量商品价值的尺度，即一般等价物——货币。资金是社会再生产过程中各项财产物资的货币表现以及货币本身。也就是说，进行生产经营活动的前提是首先拥有资金。

企业所拥有的资金不会闲置不动，而是随着物资流的变化而不断地运动、变化。例如，工业企业要想开展生产经营活动，首先要用货币资金去购买材料物资为生产过程做准备；生产产品时，再到仓库领取材料物资；生产出产品后，还要对外出售；售后还应收回已售产品的收入。这样，工业企业的资金形态经过供应过程、生产过程和销售过程发生变化。用货币购买材料物资的时候，货币资金转化为储备资金（材料物资等所占用的资金）；车间生产产品领用材料物资时，储备资金又转化为生产资金（生产过程中各种在产品所占用的资金）；将车间加工完毕的产品验收入库后，此时，生产资金又转化为成品资金（待售产成品或自制半成品占用的资金）；将产成品出售又收回货币资金时，成品资金又转换为货币资金。我们把资金从货币形态开始，依次经过储备资金、生产资金、成品资金，最后又回到货币资金这一运动过程叫作资金循环，周而复始的资金循环叫作资金周转。上述过程可以划分为供应过程、生产过程和销售过程三个阶段。三个阶段中的资金在空间序列上同时并存，在时间序列上依次继起。上述只是资金在企业内部的循环周转，就整个资金运动而言，还应包括资金的投入和资金的退出。工业企业资金运动过程具体情况见图 1－1。

资金的来源包括所有者和债权人的资金投入。前者构成了企业所有者权益，后者形成了企业债权人权益，即企业负债。投入企业的资金一部分形成流动资产，另一部分形成企业的固定资产等非流动资产。资金的退出包括按

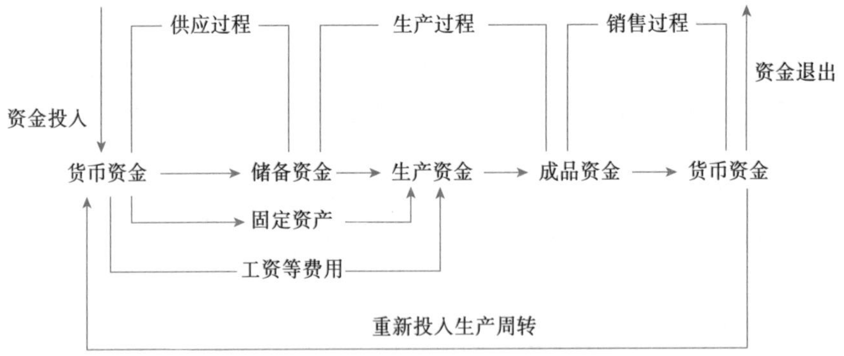

图 1－1 工业企业资金运动过程示意图

法定程序返回投资者的投资、偿还各项债务、上缴税金及向所有者分配利润等，这使一部分资金离开企业，退出资金的循环与周转。

综上所述，工业企业因资金的投入、资金的循环周转和资金的退出等经济活动而引起的各项资金的增减变化构成了会计对象的内容。

小贴士：

资金运动的三个阶段是相互支撑、相互制约的统一体。具体而言，没有资金的投入，就不会有资金的循环和周转；没有资金的循环和周转，就不会有债务的偿还、税金的上缴和利润的分配等；没有这类资金的退出，就不会有新一轮资金的投入，也就不会有企业的进一步发展。

六、会计目标

会计目标是指在一定的环境和条件下，人们通过会计实践活动所期望达到的目的和要求。对于现代企业而言，会计是企业一项重要的经济管理工作，其目的就是要为管理部门提供真实可靠的信息，即提高经济效益和社会效益，为实现企业的经营目标服务。因此，实现企业的经营目标是会计的根本目标。由于会计发挥作用的主要形式是向信息使用者提供决策有用的会计信息，因此我国《企业会计准则》对于企业会计核算的具体目标做了明确规定：会计的目标是向财务会计报告使用者提供与企业财务状况、经营成果和现金流量等有关的会计信息，反映企业管理层受托责任履行情况，有助于财务会计报告使用者做出经济决策。故上述具体目标可以划分为两个层次：第一层次是反映企业管理层受托责任的履行情况；第二层次是向财务会计报告使用者提供对决策有用的会计信息。

七、会计作用

会计主要通过向信息使用者提供信息来发挥作用。信息使用者可以分为内部信息使用者和外部信息使用者两大类，内部信息使用者主要是指企业的内部管理者，外部信息使用者包括政府、投资者、债权人、供应商和客户等。

从我国目前的会计实践工作来看，会计的作用主要有以下四点：①为国家进行宏观调控、制定经济决策提供信息；②加强经济核算，为企业经营管理者提供经营数据；③保证企业投入资产的安全和完整；④为投资者、债权人等提供会计报告，以便其进行正确的投资、信贷决策等。

任务实施

任务实施　利用企业经济业务识别所属资金运动环节

步骤一：首先进行经济业务分析

步骤二：判断其是否属于会计对象

步骤三：判断其所属的资金运动环节

郑州乐康有限公司 2021 年 6 月发生了一系列经济业务，请根据经济业务识别所属资金运动环节（见表 1－1）。

表 1－1

经济业务内容	经济业务分析	是否属于会计对象	所属资金运动环节
对外销售 PC 塑料杯	企业对外销售商品又将收回货币资金，属于资金循环的最后一个环节	是	资金的循环周转
向所有者分配利润	企业向所有者分配利润，使得这一部分资金离开企业，退出资金循环和周转	是	资金退出
购买原材料太空玻璃	企业要想开展生产经营，首先要用货币资金购买材料物资为生产过程做准备，这是资金循环的第一个环节	是	资金的循环周转
接受投资者投资	接受投资者投入资金，是资金进入企业的第一环节	是	资金投入

任务二　明确会计基本假设与会计基础

任务导入

王晓是郑州乐康有限公司的会计，2021 年 6 月 3 日公司投资人张辉拿来女儿的学费收据 3000 元，要求报销。王晓应该如何处理？让我们以此为切入点，学习会计核算工作的前提条件和基础，明白了这些问题，答案也便水落石出。

知识准备

会计假设

一、会计假设

会计核算的对象是社会再生产过程中的资金运动，面对变化不定的经济环境，会计人员必须解决一系列问题，例如，会计核算的范围有多大；会计为谁核算，给谁记账；会计核算的资金运动能否持续不断地进行下去；会计应该在什么时候记账、算账、报账；以及在核算过程中应该采用什么计量手段等，这些都是进行会计核算工作的前提条件。

会计假设即会计核算的基本前提，是指为了保证会计工作的正常进行和会计信息的质量，对会计核算的范围、内容、基本程序和方法所做的合理设定。会计假设是人们在长期的会计实践中逐步认识和总结形成的，结合我国实际情况，企业在组织会计核算时，应遵循的会计假设包括会计主体假设、持续经营假设、会计分期假设、货币计量假设。

（一）会计主体

会计主体是会计工作为其服务的特定单位或组织。会计主体假设是指会计核算应当记录和反映企业主体发生的各项经济业务活动，应注意其核算的范围既不包括企业所有者本人，也不包括其他企业的经济活动。会计主体假设明确了会计工作的空间范围。

（二）持续经营

持续经营是指会计主体的生产经营活动将无限期延续下去，在可以预见的未来不会因破产、清算、解散等原因而不复存在。尽管客观上企业由于市场经济的竞争而面临被淘汰的危险，但只有假定作为会计主体的企业是持续、正常经营的，会计的有关要求和会计程序及方法才有可能建立在非清算的基础之上，这样才能保持会计信息处理的一致性和稳定性。持续经营假设明确了会计工作的时间范围。

小贴士：

任何企业主体都存在破产、清算的风险，也就是说会计主体不能持续经营的可能性总是存在的。因此需要定期对其持续经营前提做出分析和判断，并在会计报告中披露。如果企业确实要终止经营，应当采用破产清算的会计政策和程序。

会计核算所使用的一系列方法和遵循的有关要求都是建立在会计主体持续经营的基础之上的。例如，只有在持续经营的前提下，企业的资产和负债才能区分为流动和非流动；企业对收入、费用的确认才能采用权责发生制；企业才有必要确立会计分期假设、划分收益性支出和资本性支出等会计确认与计量要求。

（三）会计分期

会计分期是指把企业持续不断的生产经营活动期间划分为若干连续、长短相同的期间以便分期结算账目，按期编制财务报告，从而及时地向有关方面提供反映财务状况和经营成果的会计信息，满足有关方面的需要。从理论上来说，在企业持续经营的情况下，要反映企业的财务状况和经营成果只有等到企业所有的生产经营活动都结束后，才能通过收入和费用的归集与比较，进行准确的计算，但那时提供的会计信息已经失去了应有的作用。因此，必须人为地将这个过程划分为较短的会计期间。

会计分期假设是对会计工作时间范围的具体划分，主要是确定会计期间。会计期间分为会计年度和会计中期。中外各国所采用的会计年度一般都与本国的财政年度相同。我国以公历年度作为会计年度，即从公历的 1 月 1 日至 12 月 31 日为一个会计年度。短于一个完整会计年度的报告期间称为会计中期，包括半年度、季度和月度。有了会计分期，才产生了本期与非本期的区别，才产生了收付实现制和权责发生制，进而出现了应收、应付、折旧、摊销等会计处理方法。只有正确地划分会计期间，才能准确地提供财务状况和经营成果的资料，才能进行会计信息的对比。

（四）货币计量

货币计量是指会计主体在会计核算过程中应采用货币作为主要计量单位，记录、反映会计主体的经营情况。企业使用的计量单位较多，为了全面、综合地反映企业的生产经营活动，会计核算客观上需要一种统一的计量单位作为计量尺度，货币作为商品的一般等价物，能用以计量一切资产、负债和所有者权益，以及收入、费用和利润。因此，会计核算应以货币计量为前提。需要说明的是，其他计量单位，如实物、劳动工时等，在会计核算中也要使用，但不占主要地位。我国有关会计法规规定，企业会计核算以人民币为记账本位币。

小贴士：

业务收支以人民币以外的其他货币为主的企业，也可以选定其他货币作为记账本位币，但编制的会计报表应当折算为人民币反映。

二、会计基础

企业生产经营活动在时间上持续不断地取得收入，不断地发生各种成本、费用，将收入和相关的费用相配比，就可以计算和确定企业生产经营活动所产生的利润（或亏损）。由于企业生产经营活动是连续的，而会计期间是人为划分的，所以难免有一部分收入和费用出现收支期间和应归属期间不一致的情况。于是在处理这类经济业务时，应正确选择合适的会计处理基础。可供选择的会计处理基础包括收付实现制和权责发生制两种。

（一）收付实现制

收付实现制是以款项是否实际收到或付出作为确定本期收入和费用的标准。采用收付实现制会计处理基础，凡是本期实际收到的款项，不论其是否属于本期实现的收入，都作为本期的收入处理；凡是本期付出的款项，不论其是否属于本期负担的费用，都作为本期的费用处理。反之，凡是本期没有实际收到款项和付出款项，即使应归属于本期，也不作为本期收入和费用处理。这种会计处理基础，款项的收付实际上以现金收付为准，所以一般称为现金制。收付实现制核算手续简单，它主要适用于行政事业单位。

收付实现制

（二）权责发生制

权责发生制又称应计制，是指企业以收入的权利和支出的义务是否归属于本期为标准来确认收入、费用的一种会计处理基础。而不是以款项的实际收付是否在本期为标准来确认本期的收入和费用。在权责发生制下，凡是属于本期实现的收入和发生的费用，不论款项是否实际收到或实际付出，都应作为本期的收入和费用入账；凡是不属于本期的收入和费用，即使款项在本期收到或付出，也不作为本期的收入和费用处理。我国目前企业会计的确认、计量和报告应当以权责发生制为基础。

权责发生制

任务实施

任务实施　分别采用权责发生制和收付实现制分析企业经济业务

步骤一：判断经济业务属于收入还是费用

步骤二：应用权责发生制划分本月的收入或费用

步骤三：应用收付实现制划分本月的收入或费用

郑州乐康有限公司 2021 年 5 月发生下表所示的经济业务，分别采用权责发生制和收付实现制进行业务分析（见表 1－2）。

表 1－2

	经济业务	权责发生制		收付实现制	
		收入	费用	收入	费用
1	本月预收下月销货款 5 000 元	0		5 000	
2	本月预付全年的水电费 2 400 元		200		2 400
3	本月销售 PC 塑料杯 8 000 元，实际收到货款 5 000 元，余款下月收到	8 000		5 000	
4	本月购入办公用品 1 000 元，款项尚未支付		1 000		0

任务三　解读会计信息使用者及会计信息质量要求

任务导入

王晓是郑州乐康有限公司的会计，在业余时间有炒股的爱好，他是如何进行投资决策呢？任何一个投资者与企业经营管理者一样，都希望所做的投资决策、管理决策是正确的，而正确的决策要依靠公司的财务信息、行业相关信息、宏观经济状况与经济决策等相关信息，其中本企业财务信息很重要，而会计信息的质量将会很大程度上影响投资经营决策。那么企业会计信息使用者有哪些，使用者对信息质量提出了什么样的要求呢？本任务进行了详细解读。

知识准备

一、会计信息使用者

会计为企业管理者提供经济信息，同时也为其他信息使用者提供评价企业财务状况、经营成果和现金流量的经济信息。会计信息的使用者包括内部信息使用者和外部信息使用者。

（一）内部信息使用者

会计信息的内部使用者主要是指企业的内部管理者，包括公司董事会成员、公司经理以及公司的采购、销售、技术等方面的管理人员。他们可以通过会计信息评价业绩和工作质量，管理企业并做出决策。

（二）外部信息使用者

1. 政府

国家税收部门通过企业的会计报表，了解企业所承担税收的情况，调整税收政策。

2. 投资者

投资者包括现有投资者和潜在投资者。投资者是否对被投资者做出增减投资的决策，或是要对新的企业投资，需要对被投资单位的财务报表进行分析，来评价企业的财务状况和盈利情况，以便做出正确决策。

3. 债权人

企业的债权人通过会计信息了解企业的营运情况以及偿还借款的能力，以判断是否给该企业提供贷款。

4. 供应商

供应商需要了解企业有关经营信用状况、现金流量以及支付能力等方面的信息，以便决定是否赊销。

5. 客户

在市场经济条件下，企业的顾客需要了解企业和产品的信息，如企业的信誉、产品的价格、性能和折扣等。

二、会计信息质量要求

会计信息质量要求是对企业财务报告中所提供会计信息质量的基本要求，达到要求的会计信息才能够满足企业内部、外部信息使用者的需求，主要包括以下八项：可靠性、相关性、可理解性、可比性、实质重于形式、重要性、谨慎性和及时性。

（一）可靠性

可靠性也称客观性、真实性，它要求会计所提供的数据能客观、真实地反映企业经济活动的实际情况，从而满足各有关方面了解企业财务状况和经营成果以进行决策的需要，并做出决策。可靠性要求会计核算的各个阶段，都力求真实可靠、内容完整，必须以实际发生的经济活动及表明经济业务发生的合法凭证为依据。

（二）相关性

相关性也称有用性，它要求必须与使用者的决策需要相关。当信息能够帮助使用者评估过去、现在或未来的事项或者纠正使用者过去的评价，并影响使用者的经济决策时，信息就具有相关性，这也要求信息具有预测价值和反馈价值。

（三）可理解性

可理解性也称明晰性，要求企业提供的会计信息应当清晰明了，便于财务报告使用者理解和使用。企业提供会计信息的目的在于使用，要使用就必须了解会计信息的内涵，明确会计信息的内容，如果无法做到这一点，就谈不上对决策有用。信息是否被使用者所理解，取决于信息本身是否易懂，也取决于使用者理解信息的能力。因此，会计人员应尽可能传递、表达易被人理解的会计信息，而使用者也应设法提高自身的综合素养，以增强理解会计信息的能力。

（四）可比性

可比性也是会计信息质量的一项重要要求，它包括两个方面的含义：即同一企业在不同时期的纵向可比；不同企业在同一时期的横向可比。为了保证会计信息相互可比，同一企业在不同时期以及不同企业在相同时期，同类交易或事项的计量和报告都应该采用一致的方法。不得随意变更，确需变更的，应当在附注中说明；不同企业发生的相同或者相似的交易或者事项，应当采用规定的会计政策，确保会计信息口径一致、相互可比。

（五）实质重于形式

企业应当按照交易或者事项的经济实质进行会计确认、计量和报告。不仅仅以交易或者事项的法律形式为依据。例如，在对融资租入固定资产确认时，从形式上看，其所有权在出租方，企业只是拥有使用权和控制权。不能将其作为企业购入的固定资产加以核算。但是，由于融资租入固定资产租赁期限一般都超过了固定资产可使用期限的大部分，而且一般会规定租赁到期企业可以以非常低的价格购买该项固定资产。为了正确地反映企业的资产和负债状况，对于融资租入的固定资产应作为企业的自有固定资产进行会计核算。

小贴士：

假设某企业年初订购全年期刊，支付了 500 元。按规定应采用权责发生制，将该项费用分摊到每个月份。但由于该笔费用金额小，对企业经营成果基本没有影响，所以在实际工作中，我们常常依据重要性原则，简化核算，采用收付实现制，将该笔费用直接计入当期费用中。

（六）重要性

重要性是指企业提供的会计信息应当反映与企业财务状况、经营成果和现金流量等有关的所有重要交易或者事项。重要性要求财务报告在全面反映企业的财务状况和经营成果的同时，应当区别经济业务的重要程度，采用不同的会计处理程序和方法。具体来说，对于重要的经济业务，应当独立核算、分项反映、力求准确；对于不重要的经济业务，在不影响会计信息质量的前提下，可适当简化核算或合并反映。对某项会计事项判断其重要性，在极大程度上取决于会计人员的职业判断。一般来说重要性可以从质和量两个方面进行判断，从质的方面来讲，如果某项会计事项发生可能对决策产生重大影响，则该事项属于具有重要性的事项；从量方面来讲，如果某项会计事项的发生达到一定数量或比例可能对决策产生重大影响，则该事项属于具有重要性的事项。

（七）谨慎性

谨慎性又称稳健性，企业对交易或者事项进行会计确认、计量和报告应当保持应有的谨慎，不应高估资产或者收益、低估负债或者费用。谨慎性要求处理不确定的经济业务时，应持谨慎态度。如果一项经济业务有多种处理方法，应选择不导致夸大资产、虚增利润的方法。在进行会计核算时，应当合理预计可能发生的损失和费用，而不应预计可能发生的收入和过高估计资产的价值。

（八）及时性

及时性要求企业对于已经发生的交易或者事项，应当及时进行会计确认、计量和报告，不得提前或者延后。会计信息具有时效性，即使是可靠、相关的会计信息，如果不及时提供，也就失去了时效性，对于使用者的效用就大大降低，甚至不再具有任何意义。在会计核算中坚持及时性原则，要求会计人员在经济业务发生后能及时收集各种原始单据或凭证，对会计信息及时进行加工处理，并编制出财务报告，将会计信息及时传递，按照国家规定的有关时限提供给财务报告信息使用者。

小贴士：对应收项目计提坏账准备、对期末存货采用成本与可变现净值孰低计量、对固定资产计提减值准备等做法，都是谨慎性的体现。但是要注意，不能任意设置各种秘密准备，滥用谨慎性要求。

任务实施

任务实施　判断下列会计信息符合哪项信息质量要求

步骤一：分析经济业务

步骤二：判断是否符合信息质量要求

步骤三：判断符合哪项信息质量要求

郑州乐康有限公司 2021 年 6 月发生如表 1－3 所示的经济业务，判断下列会计信息符合哪项信息质量要求。

表 1－3

	经济业务	是否符合信息质量要求	符合哪项信息质量要求
1	将融资租入资产视为企业自有资产核算	是	实质重于形式
2	对应收账款计提坏账准备	是	谨慎性
3	存货的计价方法一经确定，不得随意变更，如需变更，应在财务报告中说明	是	可比性
4	企业通过设置秘密准备规避各种风险和损失	否	

任务四　认知会计方法

任务导入

王晓是郑州乐康有限公司的会计，当他对企业的经济业务进行核算时采用什么样的方法呢？让我们以此为切入点，了解会计方法，学习会计核算方法体系。

知识准备

一、会计方法概述

会计方法是核算与监督会计对象、完成会计任务的手段。广义的会计方法包括会计核算方法、会计分析方法、会计检查方法、会计预测方法、会计决策方法等。由于会计核算是会计的基本环节，所以狭义的会计方法通常就是指会计核算方法。

二、会计核算方法体系

会计核算方法是用来反映和监督会计对象的，由于会计对象的多样性和复杂性，就决定了用来对其进行反映和监督的会计核算方法不能采用单一的方法形式，而应该采用方法体系的模式。会计核算方法由设置会计科目与账户、复式记账、填制和审核会计凭证、登记账簿、成本计算、财产清查和编制财务会计报告等具体方法构成，这七种方法构成了一个完整、科学的方法体系。

（一）设置会计科目与账户

账户是对会计对象的具体内容分门别类地进行记录、反映的工具。由于会计核算的对象十分复杂，为了对纷繁复杂的会计核算对象进行系统、连续、全面的核算和监督，企业除了设置会计科目进行分类以外，还必须根据规定的会计科目开设账户，分别登记各项经济业务，从而能够系统地提供某一具体对象的会计资料，为编制会计报表和经济管理提供帮助。

（二）复式记账

复式记账就是对每笔经济业务，都以相等的金额在相互关联的两个或两个以上有关账户中进行登记的一种专门方法。这种记账方法能够全面、清晰地反映经济业务的来龙去脉，可以通过试算平衡检查有关业务的记录是否准确。

（三）填制和审核会计凭证

填制和审核会计凭证是指为了审查经济业务是否合理、合法，保证账簿记录正确、完整而采用的一种专门方法。会计凭证是记录经济业务、明确经济责任的书面证明，是登记账簿的重要依据，经济业务是否发生、执行和完成，关键看是否取得或填制了会计凭证。取得或填制会计凭证，就证明该项经济业务已经发生或完成。填制和审核会计凭证，记账才有可靠的依据，才可以保证会计记录真实、准确，充分发挥会计的监督作用。

（四）登记账簿

登记账簿亦称记账，就是把所有的经济业务按其发生的顺序，分门别类地记入有关账簿。账簿是用来全面、连续、系统地记录各项经济业务的簿籍，也是保存会计信息的重要工具。登记账簿是根据审核无误的会计凭证在有关账簿上连续、系统、完整地记录经济业务的一种专门方法。按照记账的程序和方法登记账簿并定期进行对账、结账，可以提供完整系统的会计资料，为编制财务会计报告提供依据。

（五）成本计算

成本计算是指归集一定计算对象上的全部费用，借以确定该对象的总成本和单位成本的一种专门方法。通过准确计算成本可以掌握成本构成情况，考核成本计划完成情况，了解企业生产经营活动的成果，促进企业加强核算，节约支出，提高经济效益。

（六）财产清查

财产清查就是通过盘点实物、核对账目来查明各项财产物资、往来款项和货币资金的实有数，并查明实有数与账存数是否相符的一种专门方法。通过财产清查，可以查明各项财产物资、往来款项、货币资金等情况，加强物资管理，监督财产是否完整，并为正确核算损益提供资料。

（七）编制财务会计报告

财务会计报告是指企业对外提供的反映企业某一特定日期财务状况和某一会计期间经营成果、现金流量的文件。编制财务会计报告是对日常会计核算资料的总结，就是将账簿记录的内容定期地加以分类、整理和汇总，形成会计信息使用者所需要的各种指标，再报送给会计信息使用者，以便据此进行决策。编制财务报告是对日常核算的总结，可以为信息使用者集中提供会计信息，有利于改善企业生产经营管理，并为有关单位、个人提供决策依据。

会计核算的各种专门方法是相互联系、密切配合的，构成一个完整的方法体系。在会计核算的七个具体方法中，日常经济业务的核算起点是填制和审核会计凭证。经济业务发生后，首先要取得会计凭证，根据审核无误的会计凭证，按照规定的会计科目对经济业务进行分类核算，采用复式记账的方法在各种账簿中进行登记；对于生产经营过程中所发生的各项费用进行成本计算；对于账簿记录，要通过财产清查加以核实；在保证账实相符的基础上，根据账簿记录定期编制财务会计报告。

任务实施

任务实施　识别会计核算方法

步骤一：了解会计核算方法包括内容

步骤二：判断是否属于会计核算方法

判断表 1－4 项目中哪些属于会计核算方法。

表 1－4

编号	项目	是否属于会计核算方法
1	设置会计科目与账户	是
2	会计检查	否
3	填制和审核会计凭证	是

续表

编号	项目	是否属于会计核算方法
4	登记账簿	是
5	会计预测	否
6	财产清查	是
7	会计决策	否
8	复式记账	是
9	成本计算	是
10	编制财务会计报告	是

项目总结

本项目共有四个任务，详细讲解了会计基础知识。

任务一认知会计主要讲述了会计的产生发展史，总结出会计的含义和特征，会计的基本职能为核算和监督，核算职能是基础。会计的对象是指会计核算和监督的内容，凡是能够以货币表现的经济活动，都是会计核算和监督的内容。进而介绍了会计的目标以及存在的作用。

任务二明确会计基本假设与会计基础，主要介绍了会计核算具有四个基本前提，即会计主体假设、持续经营假设、会计分期假设和货币计量假设。会计进行确认、计量和报告的基础包括权责发生制和收付实现制，企业会计以权责发生制为核算基础。

任务三解读会计信息使用者及其质量要求，主要介绍了会计信息的内部和外部使用者，会计信息质量要求是对企业财务报告中所提供的会计信息质量的基本要求，是使财务报告中所提供的会计信息对使用者决策有益应具备的基本特征。根据会计基本准则规定，它包括可靠性、相关性、可理解性、可比性、重要性、实质重于形式、谨慎性、及时性。

任务四认知会计方法，主要介绍了会计核算的方法体系包括设置会计科目与账户、复式记账、填制和审核会计凭证、登记账簿、成本计算、财产清查、编制财务报告七种。

项目二
识别会计要素、应用会计等式

项目导航

知识目标	能力目标
• 掌握会计要素的含义、特征、具体分类 • 掌握会计要素之间的互动平衡关系 • 理解经济业务发生不会破坏会计等式平衡关系	• 能根据经济业务识别其所属的会计要素及其所属类目 • 能灵活应用会计等式 • 能综合分析经济业务对会计恒等式的影响 • 形成分类核算的会计工作思维

课程思政

科学的探讨与研究，其本身就含有至美，其本身给人的愉快就是报酬；所以我在我的工作里面寻得了快乐。

——*居里夫人*

大多数科学家之所以沉浸在对科学的探索中，流连忘返，为人类的进步做出了卓越的贡献，有一个非常重要的原因就是：他们在科学中感受到了美。会计学是一门人文科学，其中也蕴含了科学美。希望当我们学习完这一章，理解了会计要素的内容和它们之间神奇的关系以后，也能感受到科学之美。

在上一项目中，我们曾经提到：会计对象是社会再生产过程中的资金运动。但是，这一概念的涉及面过于广泛，而且又很抽象。会计要素是对会计对象按经济性质所做的基本分类，是会计对象的具体化。我国的《企业会计准则——基本准则》将会计要素划分为资产、负债、所有者权益、收入、费用和利润六项。这六大会计要素又可以划分为两大类，即反映财务状况的会计要素（又称资产负债表要素和静态会计要素）和反映经营成果的会计要素（又称利润表要素和动态会计要素）。其中，反映财务状况的会计要素包括资产、负债和所有者权益；反映经营成果的会计要素包括收入、费用以及利润。

任务一 识别会计要素

任务导入

郑州乐康有限公司 2021 年 1 月 1 日成立时是由李明和张辉共同投资设立，注册资本为人民币 100 万元。其中，李明投入人民币 70 万元，已存入银行；张辉投入人民币 30 万元，已存入银行。同时公司向银行借入三年期借款 10 万元，已存入银行。筹集的资金用来购买机器设备、厂房、材料等经济资源。企业经过一定时间的运营，购买材料、支付费用、生产产品等将发生一定的耗费，同时由于出售商品获得一定的收入，收入与支出相抵后产生利润，企业发生的经济业务如何确认、记录需要借助会计要素。理解和掌握会计的六大要素以及六大要素包括内容，为顺利处理企业发生的经济业务奠定基础。

知识准备

资产

一、认知资产

（一）资产及其特征

资产是指企业过去的交易或者事项形成的、由企业拥有或者控制的、预期会给企业带来经济利益的资源。拥有和控制一定数量的资产，是企业进行生产经营的前提条件。根据资产的定义，其具有以下几个方面的特征：

1. 资产是由过去的交易或者事项形成的

资产必须是过去已经发生交易或事项所产生的结果，至于未来交易或事项以及未发生的交易或事项可能产生的结果，则不属于现在的资产。

小贴士：

企业计划在年底购买一台机器设备，由于购买行为尚未发生，不能作为企业的资产确认。

2. 资产是企业拥有或者控制的资源

资产由企业拥有或者控制，是指企业拥有某项资源的所有权，或者虽然不拥有某项资源的所有权，但该资源能够被企业所控制。一般来说，企业可以按照自己的意愿使用或者处置资产，其他单位或者个人未经同意，不能擅自使用或处置资产，称为对资产拥有所有权。而控制则是指企业虽然不拥有其所有权，但实质上已经掌握了该项资源有关的未来收益和风险，能够对其实施控制，按照实质重于形式的原则，也应当确认为企业的资产。

3. 资产预期能为企业带来经济利益

即资产拥有能够直接或者间接导致现金或现金等价物流入企业的潜力。这是资产的本质所在。

（二）资产的分类

企业的资产按其流动性不同可以划分为流动资产和非流动资产，如图 2－1所示。

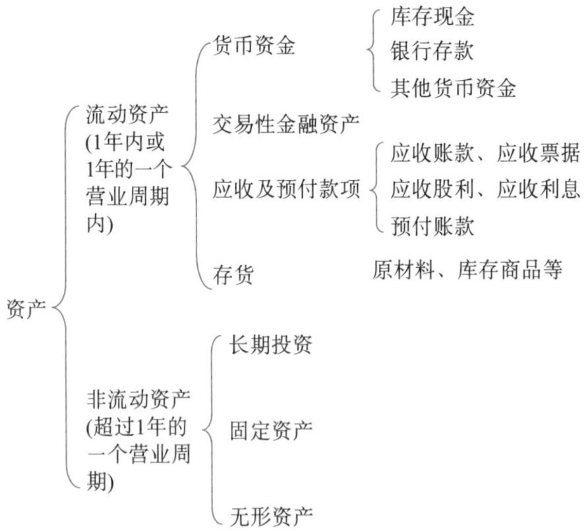

图 2－1

1. 流动资产

是指可以在 1 年（含 1 年）或者超过 1 年的一个营业周期内变现或者耗用的资产。主要包括货币资金、交易性金融资产、应收及预付款项、存货等。

> 小贴士：
> 融资租入的固定资产资产属于企业控制的资源，应当视同自有资产，经营租入固定资产因无法拥有、控制该项资源，不属于企业的资产。

（1）货币资金是指企业生产经营过程中处于货币形态的资产。主要包括库存现金、银行存款和其他货币资金。它们是企业流动性最强的资产。

（2）交易性金融资产是指企业预计近期内出售的金融资产，包括企业以赚取差价为目的从二级市场购入的股票、债券和基金等。

（3）应收及预付款项是指企业在日常生产经营过程中发生的各种短期债权；包括应收款项（应收账款、应收票据、应收股利、应收利息等）和预付账款等。

（4）存货是指企业在日常的生产经营过程中持有以备出售的产成品、商品或者在产品，以及在生产过程或提供劳务过程中将要耗用的各种材料，包括原材料、在产品、半成品、产成品、库存商品等。

> 小贴士：
> 企业有一条长期闲置不用的生产线，因其不能够给企业带来经济利益，故不能确认为企业的资产。

2. 非流动资产

是指不能在 1 年或者超过 1 年的一个营业周期内变现或者耗用的资产，主要包括长期投资、固定资产、无形资产等。

（1）长期投资是指企业不准备在 1 年内变现的对外投资。

（2）固定资产是指企业的使用年限超过 1 年的固定资产（如建筑物、机器等）。

（3）无形资产是指企业拥有或者控制的、没有实物形态的、可辨认非货币性资产。无形资产包括专利权、非专利技术、商标权、著作权、土地使用权等。

负债

二、认知负债

（一）负债及其特征

负债是指企业过去的交易或者事项所形成的、预期会导致经济利益流出企业的现时义务。根据负债的定义，负债具有以下几个方面的特征：

1. 负债是由企业过去的交易或者事项形成的

只有过去的交易和事项才形成负债，企业将在未来发生的承诺、签订的合同等不能形成负债。

小贴士：

企业计划从银行取得借款不构成企业的负债。

2. 负债是企业承担的现时义务。

现时义务是企业在现行条件下已承担的义务。未来发生的交易或事项形成的义务，不属于现时义务，不能确定为负债。

3. 负债的清偿预期会导致经济利益流出企业。

这是负债的实质所在，通常负债是在未来某一时刻通过交付资产或提供劳务予以清偿。企业有时也可以用承诺新的负债等形式了结现有的负债，无论采用何种方式偿债，均会使经济利益流出企业。

（二）负债的分类

负债一般按偿还期限的长短进行分类，可以分为流动负债和非流动负债，如图 2－2 所示。

- 负债
  - 流动负债（1年以内）
    - 短期借款
    - 应付账款
    - 应付票据
    - 应付职工薪酬
    - 应交税费
    - 应付股利
    - 应付利息
  - 非流动负债（1年或以上）
    - 长期借款
    - 应付债券
    - 长期应付款

图 2－2

1. 流动负债

是指将在 1 年（含 1 年）或者超过 1 年的一个营业周期内偿还的债务。包括短期借款、应付及预收款项等。

（1）短期借款是指企业从银行或其他金融机构借入的偿还期限在 1 年（含 1 年）以内的各种借款，如企业从银行取得的、用来补充流动资金不足的临时性借款。

（2）应付及预收款项是指企业在日常生产经营过程中发生的各种短期债务，包括应付款项（应付账款、应付票据、应付职工薪酬、应交税费、应付利息、应付股利等）和预收账款等。

2. 非流动负债

是指偿还期在 1 年或者超过 1 年的一个营业周期以上的债务，包括长期借款、应付债券、长期应付款等。

（1）长期借款是指企业从银行或其他金融机构借入的偿还期限在 1 年以上的各项借款。企业借入长期借款，主要是为了长期工程项目。

（2）应付债券是指企业为筹集长期资金而发行的长期债券。

（3）长期应付款是指除长期借款和应付债券以外的其他长期应付款项，包括应付引进设备款、应付融资租赁款等。

三、认知所有者权益

所有者权益

（一）所有者权益及其特征

所有者权益也称股东权益，是指资产扣除负债后由所有者享有的剩余权益。它在数值上等于企业全部资产减去全部负债后的余额。即，所有者权益 = 资产 - 负债，其实质是企业从投资者手中所吸收的投入资本及其增值，同时也是企业进行经济活动的“本钱”。

（二）所有者权益的分类

所有者权益的来源包括所有者投入的资本、直接计入所有者权益的利得和损失、留存收益等，通常由实收资本、资本公积、其他综合收益、盈余公积和未分配利润构成。如图 2 - 3 所示。

所有者权益
- 实收资本
- 资本公积
- 其他综合收益
- 盈余公积
  - 法定盈余公积
  - 任意盈余公积
- 未分配利润

图 2 - 3

1. 实收资本

企业的实收资本（股份制企业的股本）是指投资者按照企业章程或合同、协议的约定，实际投入企业的资本。它是企业注册成立的基本条件之一，也是企业承担民事责任的财力保证。

2. 资本公积

企业的资本公积也称准资本，是指归企业所有者共有的资本，主要来源于资本在投入过程中所产生的溢价。资本公积主要用于转增资本。

3. 其他综合收益

其他综合收益是指企业根据会计准则规定未在当期损益中确认的各项利

得和损失。

4. 盈余公积

盈余公积是指企业按照法律、法规的规定从净利润中提取的留存收益。它包括：（1）法定盈余公积，指企业按照《公司法》规定的比例从净利润中提取的盈余公积金；（2）任意盈余公积，企业经股东大会或类似机构批准后按照规定的比例从净利润中提取的盈余公积金。企业的盈余公积可以用于弥补亏损、转增资本（股本）。符合规定条件的企业，也可以用盈余公积分派现金股利。

5. 未分配利润

未分配利润是指企业留待以后年度分配的利润。

盈余公积和未分配利润统称为企业的留存收益。

收入

四、认知收入

（一）收入及其特征

收入是指企业在日常活动中形成的、会导致所有者权益增加的、与所有者投入资本无关的经济利益的总流入。根据收入的定义，其具有以下特征：

1. 收入是从企业的日常活动中形成的经济利益总流入（而不是从偶发的交易或事项中产生的利得）

日常活动是指企业为完成其经营目标所从事的与之相关的经常性活动，这些活动产生的经济利益的总流入才构成收入。例如企业销售商品、提供劳务、让渡资产使用权活动的收益为收入。

小贴士：

企业出售固定资产、无形资产并非企业的日常活动，这种偶发性的收入不应确认为收入，而应作为营业外收入确认；而出租固定资产、无形资产在实质上属于让渡资产使用权，出售不需要的材料收入也属于企业日常活动中的收入，因此应确认为企业的收入，具体表现为其他业务收入。

2. 收入最终能导致企业所有者权益的增加

收入形成的经济利益总流入的形式多种多样，既可能表现为企业资产的增加，也可能变现为企业负债的减少，或者两者兼而有之。但收入一定能使企业的所有者权益增加。收入只包括本企业经济利益的流入，不包括为第三方或客户代收的款项。尽管代收款项也会导致企业经济利益的流入，但这项流入会使企业同时承担一项负债，不会导致企业的所有者权益增加。

3. 收入与所有者投入资本无关

收入会导致经济利益的流入，但是经济利益的流入有时是所有者投入资本增加所造成的，所有者投入资本增加主要是为了享受企业的剩余权益，由此形成的经济利益的总流入不构成收入，属于企业所有者权益的组成部分。

（二）收入的分类

收入按照经营业务的主次，可分为主营业务收入和其他业务收入。如图2-4所示。

收入
- 主营业务收入
- 其他业务收入

图2-4

主营业务收入也称基本业务收入。是指企业在其经营性的主要业务活动中所获得的收入，如工业、商业企业的商品销售收入，服务业提供服务取得的收入等。

其他业务收入也称附营业务收入。是指企业在其非主要经营性业务活动中所获得的收入。如工业企业销售原材料、出租包装物等业务取得的收入。

五、认知费用

费用

（一）费用及其特征

费用是指企业在日常活动中发生的、会导致所有者权益减少的、与向所有者分配利润无关的经济利益的总流出。费用具有如下特征：

1. 费用是企业日常活动中产生的经济利益的总流出（而不是从偶发的交易或事项中产生的损失）

这里日常活动的含义与收入定义中涉及的日常活动相一致。企业日常活动所产生的费用通常包括销售成本、职工薪酬、折旧费等。

2. 费用最终会导致所有者权益减少

费用可能表现为资产的减少，也可能表现为负债的增加，或者两者兼而有之。

3. 费用与向所有者分配利润无关

费用发生会导致经济利益流出企业，向投资者分配利润或股利，也会导致经济利益流出企业，而该经济利益的流出属于所有者权益的抵减项目，不构成企业的费用。

（二）费用的分类

企业的费用按照其经济用途可以分为生产成本和费用，如图 2－5 所示。

- 费用
  - 生产成本
    - 直接材料
    - 直接人工
    - 制造费用
  - 期间费用
    - 销售费用
    - 管理费用
    - 财务费用

图 2－5

1. 生产成本

是指可以对象化的费用，由产品生产过程或劳务提供过程中所耗费的直接材料、直接人工和生产车间发生的制造费用构成。

2. 期间费用

是指不能予以对象化的费用。如销售费用、管理费用和财务费用构成。

（1）销售费用是指企业在销售商品、提供劳务的过程中发生的除生产经营成本以外的各项费用以及专设销售机构的经费。

（2）管理费用是指企业为组织和管理生产经营活动而发生的各项费用。

（3）财务费用是指企业为筹集生产经营所需资金而发生的费用，包括应当作为期间费用的利息支出以及相关的手续费等。

利润

六、认知利润

（一）利润及其特征

利润是指企业在一定会计期间的经营成果，从狭义的收入费用来讲，包括收入减去费用后的净额、直接计入当期利润的利得和损失等。利润的实现，会相应地表现为资产的增加或负债的减少，其结果是所有者权益的增值。

（二）利润的分类

利润具体指营业利润、利润总额和净利润。如图 2－6 所示。

利润
- 营业利润
- 利润总额
- 净利润

图 2－6

营业利润是指营业收入减去营业成本、税金及附加、销售费用、管理费用、财务费用、资产减值损失、信用减值损失，再加上公允价值变动损益、投资收益和资产处置损益后的金额。营业利润是狭义收入与狭义费用配比后的结果。

营业利润＝营业收入－营业成本－税金及附加－销售费用－管理费用－财务费用－资产减值损失－信用减值损失＋公允价值变动收益（－公允价值变动损失）＋投资收益（－投资损失）＋资产处置收益（－资产处置损失）

利润总额＝营业利润＋营业外收入－营业外支出

净利润＝利润总额－所得税费用

净利润是广义收入与广义费用配比后的结果。

任务实施

任务实施　利用企业经济业务识别所属会计要素

步骤一：首先进行经济业务分析

步骤二：判断其所属的会计要素

步骤三：判断其属于会计要素中哪个项目

郑州乐康有限公司 2021 年 6 月发生了一系列经济业务，请根据经济业务识别所属会计要素（见表 2－1）。

表 2－1　　会计要素识别表

经济业务内容	经济业务分析	会计要素识别	所属类目
存放在银行货币	这是企业过去的交易或者事项形成的、由企业拥有或者控制的、预期会给企业带来经济利益的资源。而且是随时可使用的货币资金。	资产要素	流动资产中银行存款

续表

经济业务内容	经济业务分析	会计要素识别	所属类目
尚未支付职工工资	这是企业过去的交易或者事项形成的、预期会导致经济利益流出企业的现时义务，而且是预计在1年（含1年）或者超过1年的一个营业周期内偿还的债务。	负债要素	流动负债中应付职工薪酬
接受投资人以设备投资而形成的权益	这是企业从投资者手中所吸收的投入资本，同时也是企业进行经济活动的“本钱”。	所有者权益要素	实收资本
企业销售一批PP塑料水杯取得经济利益的流入	这是企业在日常活动中形成的、会导致所有者权益增加的、与所有者投入资本无关的经济利益的总流入。而且是企业主要经营活动产生的业务收入，是企业经济利益的主要贡献者。	收入要素	主营业务收入
办公室为购买办公用品发生经济利益的流出	这是企业在日常活动中形成的、会导致所有者权益减少的、与所有者分配利润无关的经济利益的总流出。而且是企业行政管理部门为组织管理生产经营活动而发生的费用。	费用要素	管理费用
本月实现的净利润	这是企业在一定会计期间的经营成果，是广义收入与费用配比的结果。	利润要素	净利润

任务二　应用会计等式

任务导入

郑州乐康有限公司2021年1月1日成立时是由李明和张辉共同投资设立，注册资本为人民币100万元。其中，李明投入人民币70万元，已存入银行；张辉投入人民币30万元，已存入银行。同时公司向银行借入三年期借款10万元，已存入银行。郑州乐康有限公司2021年1月1日成立时资产、负债、所有者权益是多少，思考他们之间是否存在某种平衡关系，这种平衡关系就是会计等式。企业成立后在其运营期间又发生一系列经济业务能否打破会计等式的平衡关系呢？

知识准备

一、认知会计等式

会计等式

会计六要素反映了资金运动的静态和动态两个方面，具有紧密的相关性，它们在数量上存在特定的平衡关系。这种平衡关系用公式表示，就是通常所说的会计等式。会计等式也称为会计平衡公式、会计方程式。是将会计要素之间的这种内在关系通过数学表达式予以描述，是对会计要素的性质和相关关系所做的概括和科学的表达。

（一）基本会计等式

众所周知，企业要从事生产经营活动，一方面，必须拥有一定数量的资产。这些资产以各种不同的形态分布于企业生产经营活动的各个阶段，成为企业生产经营活动的基础。另一方面，这些资产要么来源于债权人，从而形成债权人权益即企业的负债；要么来源于投资者，从而形成投资者权益即企业的所有者权益。一个是“来龙”，一个是“去脉”。也就是说，一定数量的资产必然对应着相同数额的负债与所有者权益。这一恒等关系用公式表示出来就是：

资产＝负债＋所有者权益

这是最基本的会计等式，也称为静态会计等式、资产负债表会计等式。既表明了某一会计主体在某一特定时点所拥有的各种资产，也表明了这些资产的归属关系。它是设置账户、复式记账以及编制资产负债表的理论依据，在会计核算体系中有着举足轻重的地位。

企业的负债是债权人在企业享有的权益，所有者权益是投资者在企业享有的权益，债权人和投资者的权益统称为企业的权益，故上述基本会计等式还可以表述为：

资产＝权益

（二）动态会计等式

企业的目标是从生产经营活动中获取收入，实现盈利。企业在取得收入的同时，必然要发生相应的费用。将一定期间的收入与费用相比较，收入大于费用的差额是利润；反之，收入小于费用的差额则为亏损。因此，收入、费用和利润三个要素之间的关系可用等式表示为：

利润＝收入－费用

这一等式也称为动态会计等式、利润表等式，反映了企业某一时期内所取得的经营成果，是编制利润表的理论依据。

企业按照《企业所得税法》及其暂行条例的规定，企业某一纳税年度发生的亏损，可用下一年度的所得弥补，下一年度的所得不足以弥补的，可以逐年连续弥补，但最长不能超过5年，而且企业在汇总计算缴纳企业所得税时，其境外经营机构的亏损不得抵减境内营业机构的盈利。

（三）会计等式的扩展式

企业的生产经营成果必然影响所有者权益，即企业获得的利润将使所有者权益增加，资产也会随之增加；企业发生亏损将使所有者权益减少，资产也会随之减少。因此，企业生产经营活动产生收入、费用、利润后，则基本会计等式就会演变为：

资产＝负债＋所有者权益＋利润

　　＝负债＋所有者权益＋（收入－费用）

或者：资产＋费用＝负债＋所有者权益＋收入

小贴士：

郑州乐康有限公司2021年1月1日成立时是由李明和张辉共同投资设立，李明投入货币70万元，已存入银行；张辉投入人民币30万元，已存入银行；向银行借入三年期借款10万元，已存入银行。从资产方面看，总共110万元，且都属于银行存款。从权益方面看，所有者权益100万元，债权人权益10万元，满足资产＝负债＋所有者权益的基本会计等式。

二、分析经济业务的发生对会计恒等式的影响

企业在生产经营过程中，不断地发生各种经济业务。企业在日常生产经营活动中无论发生哪一类型的经济业务，虽然会引起资产、负债、所有者权益的数额发生变化，但都不影响会计恒等式的平衡。资产、负债、所有者权益之间的平衡关系是设置账户、复式记账和编制会计报表的理论基础。

任务实施

任务实施　分析经济业务的发生对会计等式的影响

步骤一：分析经济业务的发生对会计要素所属项目的影响

步骤二：分析变化对会计等式的影响

步骤三：判断所属业务类型

郑州乐康有限公司2021年5月31日资产、负债、所有者权益状况见表2-2。

表2-2　资产负债表

2021年5月31日　　单位：元

资产	金额	负债及所有者权益	金额
银行存款	580 000	短期借款	390 000
存货	30 000	应付账款	85 000
固定资产	750 000	实收资本	885 000
无形资产	10 000	资本公积	10 000
合计	1370 000	合计	1370 000

该公司2021年6月份发生以下经济业务，请分析下列经济业务对会计等式的影响（见表2-3）。

表2-3　经济业务对会计等式的影响

经济业务	影响结果			业务类型
	资产	负债	所有者权益	
起初会计等式	1370 000	475 000	895 000	
经济业务（1）	+20 000（原材料）	+20 000（应付账款）		资产与负债同时增加
新会计等式1	1390 000	495 000	895 000	
经济业务（2）	+40 000（无形资产）		+40 000（实收资本）	资产与所有者权益同时增加
新会计等式2	1430 000	495 000	935 000	
经济业务（3）	-30 000（银行存款）	-30 000（短期借款）		资产与负债同时减少
新会计等式3	1400 000	465 000	935 000	
经济业务（4）	-100 000（银行存款）		-100 000（实收资本）	资产与所有者权益同时减少
新会计等式4	1300 000	465 000	835 000	

续表

经济业务	影响结果			业务类型
	资产	负债	所有者权益	
经济业务（5）	+5 000（原材料） -5 000（银行存款）			资产内部一增一减
新会计等式5	1300 000	465 000	835 000	
经济业务（6）		+40 000（短期借款） -40 000（应付账款）		负债内部一增一减
新会计等式6	1300 000	465 000	835 000	
经济业务（7）			+5 000（实收资本） -5 000（资本公积）	所有者权益 内部一增一减
新会计等式7	1300 000	465 000	835 000	
经济业务（8）		+200 000（短期借款）	-200 000 （实收资本）	负债增加， 所有者权益减少
新会计等式8	1300 000	665 000	635 000	
经济业务（9）		-10 000（应付账款）	+10 000 （实收资本）	负债减少， 所有者权益增加
新会计等式9	1300 000	655 000	645 000	

小贴士：

企业发生的经济业务，只会使会计等式两边发生同增同减的变化，或者会计等式一边发生一增一减的变化，因增减的金额相等，故会计等式保持平衡。

（1）6月5日，郑州乐康有限公司从晟美公司购买原材料一批已验收入库，货款20 000元尚未支付。

（2）6月9日，光明公司以某项专利权向郑州乐康有限公司投资，双方协商作价40 000元。

（3）6月12日，郑州乐康有限公司以银行存款30 000元支付到期的短期借款。

（4）6月14日，郑州乐康有限公司以银行存款100 000元退还给李明投资者。

（5）6月17日，郑州乐康有限公司以银行存款5 000元购买原材料，材料已经入库。

（6）6月20日，郑州乐康有限公司向银行借入期限是3个月的短期借款40 000元，用来偿还应付账款。

（7）6月22日，郑州乐康有限公司经上级批准同意将资本公积5 000元转增资本。

（8）6月25日，郑州乐康有限公司从银行取得短期借款200 000元用于退还张辉的投资。

（9）6月27日，昌盛企业决定以郑州乐康有限公司所欠的10 000元材料款转作对该公司的投资。

项目总结

本项目共有两个任务，详细讲解了会计要素与会计等式。

任务一主要讲述了会计要素的概念和分类；资产、负债、所有者权益三大静态要素的含义、特征以及包括的内容；收入、费用和利润三大动态会计要素含义、特征以及内容。此部分内容是后续学习的基础。

任务二主要讲述了三大静态会计要素之间的关系——基本会计等式；三大动态会计要素之间关系——动态会计等式；会计等式扩展式。分析企业发生的经济业务对会计等式的影响，即企业发生的经济业务花样多、种类繁，但企业发生的经济业务不会改变会计等式的平衡关系。

项目三

设置会计科目、开设账户

项目导航

知识目标	能力目标
• 了解会计科目与账户的含义 • 了解会计科目与账户的分类 • 熟悉会计科目设置的原则 • 掌握会计科目与账户的关系	• 能熟练运用常用会计科目 • 掌握账户的结构

课程思政

合抱之木，生于毫末；百丈之台，起于垒土；千里之行，始于足下。

——《老子》

对会计对象加以分类得到会计要素，只是我们进行会计核算的第一步，"千里之行，始于足下"，要想进一步进行会计核算，需要对会计要素进一步分类，才能进行一步一步的会计核算，最终得到我们想要的会计信息。在日常的生活和工作中，我们无论要做什么事情，都需要开始做并且坚持做下去，才能到达最终的目标。

在上一项目中，我们曾提到：会计要素是对会计对象的基本分类，是会计对象的具体化。会计科目是对会计要素按经济内容和会计管理要求进一步分类后形成的项目，是对会计要素的具体内容进行分类核算的项目。例如，企业为了满足经营过程中零星支付的需要，在财会部门留存由出纳人员经管的现金，包括人民币现金和外币现金，因其具有流动性强、管理严格的特点，故将其归为一类，设置"库存现金"会计科目进行核算。企业的房屋、建筑物、机器设备、运输工具具有使用时间长（使用寿命超过一个会计年度）、单位价值较高的特点，因而将其归为一类，设置“固定资产”会计科目进行核算。

任务一　设置会计科目

任务导入

2021 年 7 月，郑州乐康有限公司发生如表 3 - 1 的经济业务：

表 3 - 1

序号	经济业务内容	序号	经济业务内容
1	将 1000 元现金存放财会部门	6	应付给供应商材料款 20 000 元
2	向银行存入 200 000 元	7	向银行借入 3 个月的借款 60 000 元
3	仓库中存放原材料太空玻璃 40 000 元	8	核算本月应交税费 35 000 元
4	购入一台机器价值 10 000 元	9	预收购货单位的货款 15 000 元
5	一批 PC 塑料水杯完工入库，成本 40 000 元	10	接收王高的投入资本 250 000 元

要求：思考以上经济业务应如何设置会计科目。

知识准备

一、设置会计科目的意义

会计科目

会计科目是进行会计记录和提供会计信息的基础，在会计核算中具有重要意义，主要表现在以下几个方面：

1. 会计科目是复式记账的基础

复式记账（项目四详细介绍）要求对于每一笔经济业务，都必须用相等的金额在两个或两个以上相互联系的账户中进行登记。通过会计科目可以反映企业经济业务的内容和资金运动的来龙去脉。

2. 会计科目是编制记账凭证的基础

记账凭证是确定所发生的经济业务应记入何种科目以及分门别类登记会计账簿的直接依据。

3. 会计科目为成本计算与财产清查提供了前提条件

会计科目的设置，有助于成本核算，使各种成本计算成为可能，而账面记录与实际结存的核对，又为财产清查、保证账实相符提供了必备条件。

4. 会计科目为编制会计报表提供了便利

会计报表是提供会计信息的主要手段，会计报表中的许多项目与会计科目是一致的，并根据会计科目的本期发生额或余额填列，以保证会计信息的质量及其提供的及时性。

二、会计科目的设置

（一）会计科目的设置原则

会计科目的设置应符合会计核算工作基本要求，以保证会计核算的质量。为此，各单位对会计科目的设置应遵循以下原则：

1. 合法性

遵循合法性原则要求企业设置的会计科目应当符合国家统一的会计制度的规定。

在我国，总分类科目原则上由财政部统一制定，主要是为了保证会计信息的可比性。对于国家统一会计制度规定的会计科目，企业可以根据自身的生产经营特点，在不影响会计核算要求以及对外提供统一的财务会计报告的前提下，自行增设、减少或合并某些会计科目，做到统一性与灵活性相结合。

2. 相关性

遵循相关性原则要求企业设置的会计科目应当为提供有关各方所需要的会计信息服务与财务会计报告的编制相协调、相关联，满足对外报告与对内管理的要求。

3. 实用性

遵循实用性原则要求企业设置的会计科目应符合单位自身特点，满足单位实际需要。

一般来说，业务繁杂、规模较大的企业，会计科目应当分得细一些，会计科目的数量可以多一些；业务简单、规模较小的企业，会计科目可以分得粗一些，会计科目的数量也可以少一些，以减少不必要的会计核算。

（二）会计科目表

我国财政部于2006年制定并颁布了《企业会计准则——应用指南》，其中企业常用会计科目如表3－2所示。

表3－2 企业常用会计科目表

编号	会计科目	编号	会计科目
	一、资产类	2211	应付职工薪酬
1001	库存现金	2221	应交税费
1002	银行存款	2231	应付利息
1012	其他货币资金	2232	应付股利
1101	交易性金融资产	2241	其他应付款
1121	应收票据	2501	长期借款
1122	应收账款	2502	应付债券
1123	预付账款	2701	长期应付款
1131	应收股利		**三、所有者权益**

续表

编号	会计科目	编号	会计科目
1132	应收利息	4001	实收资本
1221	其他应收款	4002	资本公积
1231	坏账准备	4003	其他综合收益
1401	材料采购	4101	盈余公积
1402	在途物资	4103	本年利润
1403	原材料	4104	利润分配
1404	材料成本差异		**四、成本类**
1405	库存商品	5001	生产成本
1411	周转材料	5101	制造费用
1473	合同资产		**五、损益类**
1511	长期股权投资	6001	主营业务收入
1601	固定资产	6051	其他业务收入
1602	累计折旧	6101	公允价值变动损益
1604	在建工程	6111	投资收益
1606	固定资产清理	6115	资产处置损益
1701	无形资产	6301	营业外收入
1702	累计摊销	6401	主营业务成本
1801	长期待摊费用	6402	其他业务成本
1901	待处理财产损溢	6403	税金及附加
	二、负债类	6601	销售费用
2001	短期借款	6602	管理费用
2201	应付票据	6603	财务费用
2202	应付账款	6701	资产减值损失
2203	预收账款	6711	营业外支出
2205	合同负债	6801	所得税费用

三、会计科目的分类

为了满足会计核算和经济管理的要求，必须对会计科目进行必要的分类。会计科目可按其反映的经济内容和所提供信息的详细程度进行分类。

（一）按所反映的经济内容分类（即所归属的会计要素）

所谓会计科目的经济内容，就是会计科目核算和监督的会计对象的具体内容，也就是会计要素的具体内容。一般将会计科目分为五大类：资产类科目、负债类科目、所有者权益类科目、成本类科目和损益类科目。

小贴士：

按经济内容对会计科目进行分类，是对会计科目最直接最基本的分类标志，是账户分类的基础。

1. 资产类科目

资产类科目是用以反映资产要素具体内容的会计科目。按资产的流动性分为反映流动资产的科目和反映非流动资产的科目。反映流动资产的科目有“库存现金”“银行存款”“交易性金融资产”“应收账款”“原材料”“库存商品”等；反映非流动资产的科目有“长期股权投资”“固定资产”“无形资产”等。

2. 负债类科目

负债类科目是用以反映负债要素具体内容的会计科目。按负债的偿还期限分为反映流动负债的科目和反映非流动负债的科目。反映流动负债的科目有“短期借款”“应付账款”“应交税费”“应付职工薪酬”“预收账款”等；反映非流动负债的科目有“应付债券”“长期借款”“长期应付款”等。

小贴士：

由于企业实现的利润或发生的亏损最终都由所有者来承担，所以将“本年利润”科目归到所有者权益类科目。

3. 所有者权益类科目

所有者权益类科目是用以反映所有者权益要素具体内容的会计科目。按所有者权益的形成和性质可分为反映资本的科目和反映留存收益的科目。反映资本的科目有“实收资本”（或“股本”）和“资本公积”；反映留存收益的科目有“盈余公积”“本年利润”和“利润分配”。

4. 成本类科目

成本类科目是用以反映企业在生产过程中所发生的可用货币表现的归集费用、计算成本的会计科目。按照成本的性质和经济用途不同可分为反映直接成本的科目和反映间接成本的科目。反映直接成本的科目有“生产成本”“研发支出”等；反映间接成本的科目有“制造费用”等。

小贴士：

成本类科目归属于资产要素，成本是企业生产产品、提供劳务所消耗的价值体现，为了单独计算产品成本、劳务成本，所以设置了成本类科目。

5. 损益类科目

损益类科目是用以反映企业在一定时期内取得的损益的会计科目。该类科目可以分为以下三类：

（1）反映营业损益的科目。该科目包括“主营业务收入”“其他业务收入”“主营业务成本”“其他业务成本”“管理费用”“财务费用”“销售费用”“税金及附加”等科目。

（2）反映营业外收支的科目。该科目包括“营业外收入”和“营业外支出”科目。

（3）反映扣减利润总额的科目。该科目包括“所得税费用”科目。

（二）按所提供信息的详细程度分类

会计科目按其所提供信息的详细程度划分，可以分为总分类科目和明细分类科目。

小贴士：

损益类科目分别归属于收入要素和费用要素。

1. 总分类科目

总分类科目，是对会计要素具体内容进行总括分类、提供总括信息的会计科目，也称一级科目。总分类科目原则上由财政部统一制定，以会计核算制度的形式颁布实施。企业会计科目表（见表3-1）中所列示的会计科目均为总分类科目。

2. 明细分类科目

明细分类科目，是对会计要素的具体内容（总分类科目）做进一步详细分类核算的科目，也称作子目、细目，或二级科目、三级科目。企业可以在总分类科目下，根据本单位的实际情况和管理工作的需要自行设置明细科目。

现举例说明会计科目的级次，如表3-3所示。

表3-3　郑州乐康有限公司对原材料的会计科目分类

总分类科目（一级科目）	明细分类科目	
	子目（二级科目）	细目（三级科目）
原材料	原料及主要材料	太空塑料
		聚丙烯
	辅助材料	绳子
		纸张

总分类科目对其所属的明细分类科目具有统驭和控制作用，而明细分类科目则是对其归属的总分类科目的补充和说明。

小贴士：

并不是所有的总分类科目都有二级科目、三级科目，另外，如果总分类科目设置了明细分类科目，科目一般分到三级，并不是越多越好。

任务实施

任务实施一　利用企业经济业务识别所属会计要素，并归入相应的会计科目

步骤一：首先确认所列的各项目属于哪类会计要素

步骤二：将其归入相应的会计科目

郑州乐康有限公司2021年6月发生了如表3-4经济业务，请根据经济业务将其归入相应的会计科目。

表3-4

经济业务内容	会计要素识别	所属会计科目
财会部门存放的现金	资产	库存现金
库存生产用的太空玻璃	资产	原材料
应收某公司货款	资产	应收账款
获得生产保温水杯的非专利技术	资产	无形资产
购入股票，拟在三个月后出售	资产	交易性金融资产
应付给供应商材料款	负债	应付账款
向银行借入三年期的借款	负债	长期借款
核算应交税费	负债	应交税费
公司发生的招待费	费用	管理费用
短期借款的利息支出	费用	财务费用
存放在仓库的玻璃水杯	资产	库存商品
股东投入的资本金	所有者权益	实收资本
支付的广告费	费用	销售费用
从利润当中提取的公积金	所有者权益	盈余公积

续表

经济业务内容	会计要素识别	所属会计科目
销售水杯实现的收入	收入	主营业务收入
应发给职工的工资	负债	应付职工薪酬
预收的定金	负债	预收账款
存入开户银行的存款	资产	银行存款

任务实施二　区分一级科目、二级子目、三级细目

步骤一：首先根据企业会计科目表确认提供总括信息的一级科目

步骤二：根据提供信息的详细程度确定二级子目和三级细目

郑州乐康有限公司现有部分会计科目、子目和细目如表 3－5，请分析下述会计科目中哪些属于一级科目、哪些属于二级子目、哪些属于三级细目：（1）生产成本；（2）临时借款；（3）社会保险费；（4）生产经营用固定资产；（5）应收账款；（6）原料及主要材料；（7）厂房；（8）辅助材料；（9）太空玻璃；（10）固定资产；（11）绳子；（12）机器设备；（13）李萌；（14）应付职工薪酬；（15）原材料；（16）医疗保险；（17）PC 塑料水杯；（18）基本生产成本；（19）短期借款；（20）京九有限公司；（21）PP 塑料水杯；（22）其他应收款。

表 3－5

一级科目	二级子目	三级细目
原材料	原料及主要材料	太空玻璃
	辅助材料	绳子
固定资产	生产经营用固定资产	厂房
		机器设备
生产成本	基本生产成本	PC 塑料水杯
		PP 塑料水杯
其他应收款	李萌	（略）
应收账款	京九有限公司	（略）
短期借款	临时借款	（略）
应付职工薪酬	社会保险费	医疗保险

任务二　开设账户

任务导入

郑州乐康有限公司 2021 年 1 月 1 日成立时是由李明和张辉共同投资设

立，注册资本为人民币100万元。其中，李明投入人民币70万元，已存入银行；张辉投入人民币30万元，已存入银行。同时公司向银行借入三年期借款10万元，已存入银行。该公司用筹集来的资金购买了机器设备10万元，采购原材料5万元，支付职工工资3万元。

思考：为顺利处理发生的经济业务事项，请为郑州乐康有限公司建立相应的账户。

知识准备

一、账户的含义与分类

（一）账户的含义

账户是根据会计科目设置的，具有一定的格式和结构，用于分类反映会计要素增减变动情况及其结果的载体。账户不仅应有明确的核算内容，而且应当具有一定的格式，即结构。设置账户是会计核算的重要方法之一。

小贴士：

会计科目是对会计内容具体分类的项目名称，不能起到具体记载会计信息的作用。所以，为了全面、系统、分类核算和监督各项经济业务事项所引起的会计内容的变动情况及其结果，就必须开设一系列账户。

（二）账户的分类（与会计科目分类基本一致）

1. 按所反映的经济内容分类

账户按其所反映的经济内容可以分为资产类账户、负债类账户、所有者权益类账户、成本类账户和损益类账户等。

（1）资产类账户。资产类账户是用来反映和监督企业各项资产的增减变动及其结存情况的账户。例如：“库存现金”“银行存款”“应收账款”“原材料”“库存商品”“固定资产”“无形资产”等账户均为典型的资产类账户。

（2）负债类账户。负债类账户是用来反映和监督各种负债增减变动和结果的账户。例如：“短期借款”“应付账款”“应付职工薪酬”“应交税费”“长期借款”“应付债券”“长期应付款”等账户为典型的负债类账户。

（3）所有者权益类账户。所有者权益类账户是用来反映和监督所有者权益增减变动和结果的账户。例如“实收资本”“资本公积”“盈余公积”等为典型的所有者权益类账户。

（4）成本类账户。成本类账户是用来反映和监督企业生产费用，计算产品、劳务成本的账户。例如“生产成本”“劳务成本”“制造费用”等为典型的成本类账户。

成本类账户和资产类账户之间有着密切的联系。资产一经耗用就转化为成本费用；成本类账户的期末借方余额属于企业的资产。从这种意义上来说，成本类账户也是资产类账户。所以，账户按照经济内容进行分类时，有的账户既可以归入资产类账户，又可以归入成本类账户。

（5）损益类账户。损益类账户是用来反映和监督应直接记入当期损益的各项收入和费用的账户。按其性质和内容的不同，又可分为以下两类：①反映收入的账户，如“主营业务收入”“其他业务收入”“投资收益”“营业外收入”等账户；②反映费用、支出的账户，如“主营业务成本”“其他业务成本”“税金及附加”“销售费用”“管理费用”“财务费用”“营业外支出”“所得税费用”等账户。

注意区分成本类账户和损益类账户下反映费用、支出的账户：①成本类账户属于资产要素，损益类账户属于费用要素。②成本类账户用来计算产品成本，从而确定存货成本；损益类成本指与本期与已实现收入相配比的成本。③成本类账户主要指生产成本，损益类账户指主营业务成本及其他。

资产类、负债类和所有者权益类账户是反映企业财务状况的三类账户，期末一般都有余额，称为实账户，也称为资产负债表账户。损益类账户，期末经过结转一般没有余额，因此也称为虚账户。由于它们的发生额是编制利润表的主要依据，所以又称为利润表账户。

2. 按所提供信息的详细程度分类

账户按所提供信息的详细程度划分，可以分为总分类账户和明细分类账户。

（1）总分类账户。总分类账户又称总账账户或一级账户，它是根据总分类科目设置的，用于对会计要素内容进行总括分类核算的账户，一般只用货币计量。总分类账户的名称、核算内容、使用方法通常是《企业会计准则》统一制定的。总分类账户以下统称为明细分类账户。

总分类账户和明细分类账户的平行登记

（2）明细分类账户。明细分类账户又称明细账户，是根据明细分类科目设置的，用来对会计要素具体内容进行明细分类核算的账户。明细分类账户能够提供具体经济业务活动的详细资料，除可以用货币计量外，必要时有些还可用实物量度（个、千克、台、升）和劳动量度（工作日、工时）等来计量。明细账提供明细核算资料和指标，它是对总分类账户的具体化和补充说明。

总分类账与明细分类账所记录的经济业务内容是相同的，只是提供的核算资料详细程度不同。总分类账提供的总括核算资料对其所属明细分类账起着统驭作用，而明细分类账提供的详细核算资料对其总分类账则起着补充说明的作用。

二、账户的功能与结构

（一）账户的功能

账户的功能是连续、系统、完整地提供企业经济活动中各会计要素增减变动及其结果的具体信息。

（二）账户的结构

账户通常由以下内容组成：

（1）账户名称，即会计科目；

（2）日期，即所依据记账凭证中注明的日期；

（3）凭证号数，即所依据记账凭证的编号；

（4）摘要，即经济业务的简要说明；

（5）金额，即增加额、减少额和余额。

实务中，总分类账使用的账页均包括了上述五项内容，具体如表 3－6 所示。

表 3－6　　三栏式账户

账户名称
（会计科目）

年		凭证		摘要	借方	贷方	借或贷	余额
月	日	种类	号数					

会计工作中一般使用“T”形账户。从账户名称、记录增加额和减少额的左右两方来看，账户结构在整体上类似于汉字“丁”和大写的英文字母“T”，因此，账户的基本结构在实务中被形象地称为“丁”字账户或者“T”形账户，如图 3－1 和图 3－2 所示。

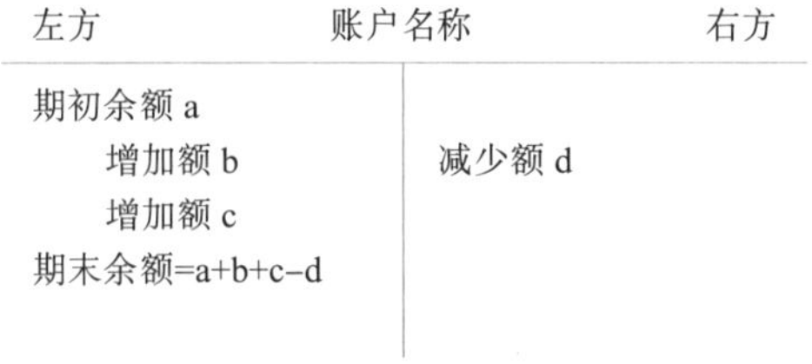

图 3－1

图 3－2

企业各项经济业务的发生会引起会计要素的增加和减少。因此，账户的基本结构相应的分为左右两方，一方登记增加，另一方登记减少。至于哪一方登记增加、哪一方登记减少，取决于所记录经济业务的具体内容和采用的记账方法。如图 3－1 及图 3－2，我们会在“复式记账”章节具体介绍登记本期增加的金额，称为本期增加发生额；登记本期减少的金额，称为本期减少发生额；增减相抵后的差额，称为余额。余额按照表示的时间不同，分为期初余额和期末余额。

账户的期初余额、期末余额、本期增加额和本期减少额统称为账户的四个金额要素，对于同一账户而言，它们之间的基本关系为：

期末余额＝期初余额＋本期增加发生额－本期减少发生额

小贴士：本期的期末余额转入下一期，则称为下一期的期初余额。

三、账户与会计科目的关系

账户是根据会计科目开设的，会计科目与账户是两个既有联系又有区别的概念。

（一）会计科目与账户的联系

会计科目与会计账户的联系主要表现在以下三个方面：

1. 两者名称一致

会计科目是会计账户的名称，也是设置账户的依据；会计账户是会计科目的具体运用。

2. 两者内容一致

会计科目与账户是对会计对象的具体内容（会计要素）的科学分类，两者口径一致，反映的经济内容相同。

3. 两者目的一致

会计科目与账户都是为了分门别类地反映某项经济内容，在实际工作中，会计科目与账户常被作为同义语来理解，互相通用，不加区别。

（二）会计科目与账户的区别

会计科目与会计账户的区别主要表现在以下三个方面：

（1）会计科目只是一个名称，仅仅是分类核算的项目，而账户既有名称又有具体结构。

（2）会计科目仅说明反映的经济内容是什么，而账户不仅说明反映的经济内容是什么，并且系统反映其增减变化及其结余情况。

（3）会计科目的集合形成会计科目表，账户的集合形成了会计账簿。

任务实施

任务实施　根据账户中的已知数据计算未知数据

步骤一：列出账户四个金额的关系等式（要点：运用“账户四金额”等式）

步骤二：将已知数据代入等式，求出未知数据

郑州乐康有限公司 2021 年 6 月部分账户的数据如表 3－7 所示。

表 3－7

账户名称	期初余额	本期增加发生额	本期减少发生额	期末余额
库存现金	2 500	3 680	2 960	A
库存商品	59 000	96 800	B	76 000
应付账款	12 000	C	47 000	8 000
短期借款	D	16 000	9 000	10 000
实收资本	500 000	60 000	E	450 000

要求：根据上述账户中的已知数据计算未知数据并填入表 3－8 中。

表 3－8

账户名称	四个金额关系等式	将数据代入	求出未知数据
库存现金	期末余额＝期初余额＋本期增加发生额－本期减少发生额	A＝2 500＋3 680－2 960	A＝3 220
库存商品		59 000＋96 800－B＝76 000	B＝79 800
应付账款		12 000＋C－47 000＝8 000	C＝43 000
短期借款		D＋16 000－9 000＝10 000	D＝3 000
实收资本		500 000＋60 000－E＝450 000	E＝110 000

项目总结

本项目共有两个任务，详细讲解了会计科目与账户。

任务一主要讲述了会计科目的概念、分类、设置原则以及常用的会计科目。会计科目是对会计要素的具体内容进行分类核算的项目。会计科目按其所反映的经济内容不同，分为资产类科目、负债类科目、共同类科目、所有者权益类科目、成本类科目和损益类科目。会计科目按所提供信息的详细程度划分，可以分为总分类科目和明细分类科目。会计科目设置的原则包括合法性原则、相关性原则和实用性原则。

任务二主要讲述了账户的含义、分类以及账户的功能、结构。账户是根据会计科目设置的，具有一定的格式和结构，用于分类反映会计要素增减变动情况及其结果的载体。账户按其所反映的经济内容不同，可以分为资产类账户、负债类账户、共同类账户、所有者权益类账户、成本类账户和损益类账户。按所提供信息的详细程度不同，可以分为总分类账户和明细分类账户。

项目四
认知复式记账法

项目导航

知识目标	能力目标
• 了解复式记账法的含义及种类 • 熟悉复式记账法的原理 • 掌握借贷记账法下的账户结构 • 了解会计分录的分类 • 掌握借贷记账法下的试算平衡	• 能够运用借贷记账法编制会计分录 • 能够在借贷记账法下登记“T”形账户并进行试算平衡

课程思政

成功 = 艰苦劳动 + 正确的方法 + 少说空话。

——爱因斯坦

复式记账是会计核算的基本方法。如果想得到正确完整的会计信息，我们就必须学会复式记账法，并且熟练而正确地运用它。正确的方法是我们达到目标的必要条件。所以，在日常的工作和生活中，每当我们准备做一件事之前，一定要想一想:“怎样才能把这件事做的更快、更好?”用正确的方法和勤奋的工作，我们才能达到我们的目标。

我们已经知道了经济业务的发生会引起某些会计要素项目发生增减变动，也明确了这数量上的变动应当在账户中加以记录，这一过程称为会计记账方法。即指特定会计主体对所发生的经济业务（或会计事项），采用特定的记账符号并运用一定的记账原理和规则，在账簿中进行登记的方法。按照记录经济业务方式的不同，会计记账方法可以分为单式记账法和复式记账法。

任务一　认知会计记账方法

任务导入

2021年7月，郑州乐康有限公司发生以下经济业务：

（1）购入原材料一批，价款10 000元，款项用银行存款支付；

（2）签发一张8 000元的商业汇票，偿还前欠购料款；

（3）用银行存款200 000元偿还银行长期借款；

（4）收到投资者投入的机器价值150 000元，已投入使用；

（5）从银行提取现金3 000元，以备零星支出使用。

思考：郑州乐康有限公司采用什么记账方法记录上述经济业务才更科学。

知识准备

一、单式记账法

单式记账法是指对发生的每一项经济业务，只在一个账户中加以登记的记账方法。单式记账法一般只设置现金、银行存款的收付以及应收、应付等往来账项账户，有时也记录实物，但大多数不记录收入的来源和费用支出的用途等。例如，对于“企业用银行存款购入1 500元的原材料”这项经济业务，若采用单式记账法，只在“银行存款”账户中记录银行存款减少1 500元，而不同时在“原材料”账户中记录原材料增加1 500元。因此，单从会计记录中只看到银行存款的减少，而无法看出这笔款项用来干什么，即无法查询资金的用途。

可见，单式记账法不能全面、系统地反映经济业务的来龙去脉。此外，单式记账法账户与账户之间没有必然的内在联系，也没有相互对应的平衡关系，从而不能进行全面的试算平衡，也不便于检查账簿记录的正确性和完整性。

二、复式记账法

（一）复式记账法的含义

复式记账法是指以资产与权益的平衡关系作为记账基础，对于每一项经济业务，都必须用相等的金额在两个或两个以上相互联系的账户中进行登记，全面系统地反映会计要素增减变化的一种记账方法。

例如，上述例子中，企业用银行存款购入1 500元的原材料。复式记账法不仅在“银行存款”账户中记录银行存款减少1 500元，同时在“原材料”

账户中记录原材料增加 1 500 元。与单式记账法相比，复式记账法能清楚地反映资金的来龙去脉。

（二）复式记账法的优点

复式记账法与单式记账法相比，具有以下两个显著的优点：

（1）能够全面反映经济业务内容和资金运动的来龙去脉。复式记账法对于发生的每一项经济业务，都要在两个或两个以上相互联系的账户中同时登记，不仅可以全面、清晰地反映出经济业务的来龙去脉，而且还能通过会计要素的增减变动，全面、系统地反映经济活动的过程和结果。

（2）能够进行试算平衡，便于查账和对账。

（三）复式记账法的种类

复式记账法可分为借贷记账法、收付记账法和增减记账法等。

1. 借贷记账法

借贷记账法是以“借”和“贷”作为记账符号，以“有借必有贷，借贷必相等”作为记账规则的一种复式记账方法。

2. 增减记账法

增减记账法是以“增”和“减”作为记账符号，所有账户都分为增减两方，将会计科目固定分为资金来源和资金占用两大类。数额增加，就记入有关账户的增方，减少就记入有关账户的减方。

3. 收付记账法

收付记账法是以“收”和“付”作为记账符号，用以表示资金运用、资金来源、费用和收益变动的一种记账方法，分为单式收付记账法和复式收付记账法。

增减记账法和收付记账法是我国在 1949 年至 1992 年期间曾经使用过的记账方法，借贷记账法是目前国际上通用的记账方法。我国《企业会计准则》中明确规定企业应当采用借贷记账法。

任务二　认知借贷记账法

任务导入

2021 年 8 月，郑州乐康有限公司发生以下经济业务：

（1）出纳从银行提取现金 4 000 元，以备零星支出使用；

（2）收到 A 公司投入的价值 90 000 元的机器，已经投入使用；

（3）用银行存款 60 000 元偿还银行 3 个月期的借款；

（4）采购员张扬预借差旅费 1 500 元，以现金支付；

（5）购入原材料一批，价款 10 000 元，其中 6 000 元用银行存款支付，余下的货款暂欠供货单位。

思考：郑州乐康有限公司如何采用借贷记账法对上述经济业务进行账务处理。

知识准备

借贷记账法

一、借贷记账法的含义

借贷记账法是复式记账法的一种，它是以“资产 = 负债 + 所有者权益”为理论依据，以“借”和“贷”为记账符号，以“有借必有贷，借贷必相等”为记账规则，对每一笔经济业务都以相等的金额在两个或两个以上相互联系的账户中进行记录的一种复式记账法。

借贷记账法产生于12世纪的意大利，在当时意大利借贷资本盛行，最初“借”“贷”的含义就是从借贷资本家的角度来解释。借贷资本家把向债务人放出的款项称为“借（Debit）”，表示“别人欠自己”的债权；从债权人那里吸收的款项称为“贷（Credit）”，表示“自己欠别人”的债务。这样，从借贷资本家的角度来看：“借”就表示其债权的增减变动，“贷”就表示其债务的增减变动。随着商品经济的进一步发展，经济活动的内容日益复杂，记账对象逐步扩大到财产物资、经营损益等方面，为了统一账簿记录，对这些非货币的经济业务也要求用“借”“贷”进行记录，这时“借”“贷”二字就失去其本来含义，逐渐转化为一种纯粹的记账符号，成为会计学科中的专门术语。

二、借贷记账法下账户的结构

（一）借贷记账法下账户的基本结构

借贷记账法下，账户的左方称为借方，右方称为贷方，如图4－1所示。

图4－1

借方和贷方与不同账户相结合分别表示增加数和减少数，一方登记增加额，另一方就登记减少额。“借”“贷”都具有增加和减少的双重含义，至于“借”表示增加还是“贷”表示增加，则取决于账户的性质与所记录经济业务内容的性质。

通常而言，资产、成本和费用类账户的增加用“借”表示，减少用“贷”表示；负债、所有者权益和收入类账户的增加用“贷”表示，减少用“借”表示。备抵账户的结构与所调整账户的结构正好相反。例如，在资产类账户中，“累计折旧”账户作为“固定资产”账户的备抵账户，其借方登记减少额，贷方登记增加额，与“固定资产”账户的结构正好相反。

（二）借贷记账法下账户的具体结构

1. 资产和成本类账户的结构

在借贷记账法下，资产和成本类账户的结构是相似的，其借方登记增加额，贷方登记减少额。增加额和减少额是在一定的会计期间内发生的，所以增加额合计和减少额合计也称为本期发生额。资产和成本类账户期末余额一般在借方，有些账户可能无余额。资产和成本类账户的结构如图4－2所示。

借方		资产和成本类账户	贷方
期初余额	×××		
本期增加额	×××	本期增加额	×××
本期发生额	×××	本期发生额	×××
期末余额	×××		

图 4－2

资产和成本类账户余额的计算公式为：

期末借方余额＝期初借方余额＋本期借方发生额－本期贷方发生额

2. 负债和所有者权益类账户的结构

在借贷记账法下，负债和所有者权益类账户的借方登记减少额，贷方登记增加额，期末余额一般在贷方，有些账户可能无余额。其结构如图4－3所示。

借方		负债与所有者权益类账户	贷方
		期初余额	×××
本期减少额	×××	本期增加额	×××
本期发生额	×××	本期发生额	×××
		期末余额	×××

图 4－3

负债与所有者权益类账户期末余额的计算公式为：

期末贷方余额＝期初贷方余额＋本期贷方发生额－本期借方发生额

3. 损益类账户的结构

损益类账户按其所反映的具体内容的不同又划分为收入类账户和费用类账户。损益类账户是反映会计主体在某一会计期间取得的收入和发生的费用支出情况。一定的会计期间（通常为月）结束后，通常所有本期收入和费用类账户都要转入“本年利润”账户，计算本期利润，因此损益类账户结转后通常无余额。

（1）收入类账户的结构。收入类账户的结构与负债和所有者权益类账户的结构基本相同。在借贷记账法下，收入类账户的借方登记减少额，贷方登记增加额。本期收入净额在期末转入“本年利润”账户，用以计算当期损益，结转后无余额。其结构如图 4－4 所示。

借方	收入类账户		贷方
本期减少额	×××	本期增加额	×××
本期发生额	×××	本期发生额	×××

图 4－4

（2）费用类账户的结构。费用类账户的结构与资产类和成本类账户的结构基本相同。在借贷记账法下，费用类账户借方登记增加额，贷方登记减少额。本期费用净额在期末转入“本年利润”账户，用以计算当期损益，结转后无余额。其结构如图 4－5 所示。

借方	费用类账户		贷方
本期增加额	×××	本期减少额	×××
本期发生额	×××	本期发生额	×××

图 4－5

综上所述，借贷记账法下各类账户的结构可以借助“丁”字账做以下总结，如图 4－6 所示。

小贴士：

收入类账户借减、贷增，费用类账户借增、贷减，两者期末均无余额。

借方　账户名称(会计科目)	贷方
资产的增加 费用(成本)的增加 负债的减少 所有者权益的减少 收入的减少	资产的减少 费用(成本)的减少 负债的增加 所有者权益的增加 收入的增加
资产的期末余额	负债的期末余额 所有者权益的期末余额

图 4－6

三、借贷记账法的记账规则

记账规则是指采用某种记账方法登记具体经济业务时应当遵循的规律。借贷记账法的记账规则是“有借必有贷，借贷必相等”。

按照“有借必有贷，借贷必相等”这一记账规则，任何经济业务的发生，都必须同时登记在两个或两个以上相互联系的账户，一方记入借方，另一方必须记入贷方，且记入借方的金额一定等于记入贷方的金额。如果涉及多个账户，记入借方账户金额的合计数应该等于记入贷方账户金额的合计数。

在企业生产经营活动中，涉及的经济业务种类是多种多样的，经济业务的发生可能只引起一个要素内各项目的变动，也可能影响到会计基本等式两端要素的变动。

小贴士：

通过账户的对应关系，可以了解每项经济业务的内容，掌握经济业务的来龙去脉，检查经济业务的会计处理是否合理。

四、借贷记账法下账户对应关系与会计分录

（一）账户的对应关系

账户的对应关系是指采用借贷记账法对每笔交易或事项进行记账时，相关账户之间形成的应借、应贷的关系，存在对应关系的账户称为对应账户。

例如，从银行提取现金的业务，应记入“库存现金”账户的借方和“银行存款”账户的贷方，“库存现金”账户和“银行存款”账户之间就形成了应借、应贷的对应关系，即对应账户。这一对应关系说明银行存款的减少是由提取现金引起的，而现金的增加则是由银行存款转化而来。

企业采购原材料 200 000 元，其中 150 000 元以银行存款支付，剩余的 50 000元暂欠。这笔经济业务中，“原材料”“银行存款”和“应付账款”发生了应借应贷的相互关系，“原材料”“银行存款”和“应付账款”在这笔经济业务中就是对应账户。

小贴士：

多借多贷会计分录，只有在某一项经济业务比较繁杂，确实需要编制时才可以编制，不能将没有相互联系的几个简单会计分录合并成一笔多借多贷的会计分录。换言之，不同类型的经济业务不能简单地合并反映，发生不同类型经济业务时，必须逐项加以反映和记录。

（二）会计分录

1. 会计分录的含义

会计分录简称分录，是指每项经济业务列示出应借、应贷的账户名称及金额的一种记录。

实际工作中，会计分录体现于记账凭证。会计分录是由应借应贷方向、对应账户名称及应记金额三大要素构成的。会计分录的书写格式如下：

（1）上借下贷。即借方在上，先写，贷方在下，后写；

（2）左右错开。即贷方的文字和数字都要比借方后退两格书写；

（3）在一借多贷或一贷多借或多借多贷的情况下，借方或贷方的文字要对齐，金额也要对齐；

（4）金额后面不写计量单位。

小贴士：

编制会计分录是会计核算工作很关键的一个环节，必须认真做好。在实际工作中，填制记账凭证的核心内容就是编制会计分录，而记账凭证又是登记账簿的直接依据，如果会计分录编制错误，不仅导致记账凭证有错，还会导致账簿登记错误。因此，正确编制会计分录是进行会计核算的关键环节。

2. 会计分录的分类

按所涉及账户的多少，会计分录分为简单会计分录和复合会计分录。简单会计分录是指只涉及一个账户借方和另一个账户贷方的会计分录，即一借一贷的会计分录。复合会计分录是指由两个以上（不含两个）对应账户组成的会计分录，可表现为一借多贷、一贷多借或多借多贷的会计分录。一般来讲，复合会计分录可以分解为若干简单会计分录。

3. 会计分录的编制步骤

（1）分析经济业务所涉及的对应账户；

（2）判断经济业务所涉及的对应账户金额是增加还是减少，并确定对应账户的记账方向（记借方还是贷方）；

（3）根据经济业务内容确定对应账户应登记的金额；

（4）确定应借应贷账户是否正确，借贷方金额是否相等。

五、借贷记账法下的试算平衡

（一）试算平衡的含义

试算平衡，是指根据借贷记账法的记账规则和资产与权益的恒等关系，通过对所有账户的发生额和余额的汇总计算和比较，来检查记录是否正确的一种方法。

（二）试算平衡的分类

试算平衡的方法具体可分为发生额试算平衡法和余额试算平衡法两种。

1. 发生额试算平衡

发生额试算平衡法的理论依据是“有借必有贷、借贷必相等”这一借贷记账法的记账规则。由于每发生一笔经济业务，都要以借贷相等的金额，分别记入两个或两个以上相关账户的借方和贷方，因此全部账户本期借方发生额作合计数与全部账户本期贷方发生额作合计数一定相等。即：

$$\sum \text{所有业务借方发生额} = \sum \text{所有业务贷方发生额}$$

发生额试算平衡法在实际工作中是通过编制发生额试算平衡表进行的，其格式如表 4－1 所示。

表 4－1　　账户本期发生额试算平衡表

账户名称	借方发生额	贷方发生额
库存现金		80 000
原材料	80 000	
合计	80 000	80 000

2. 余额试算平衡

余额试算平衡法的理论依据是“资产＝负债＋所有者权益”这一会计基本等式。资产类账户的余额在借方，而负债类和所有者权益类账户的余额在贷方，根据“资产＝负债＋所有者权益”，可以得出全部账户借方期末（初）余额合计数等于全部账户贷方期末（初）余额合计数。余额试算平衡法的公式为：

全部账户的借方期初余额合计＝全部账户的贷方期初余额合计

全部账户的借方期末余额合计＝全部账户的贷方期末余额合计

余额试算平衡法在实际工作中是通过编制余额试算平衡表进行的，其格式如表 4－2 所示。

表 4－2　　账户余额试算平衡表

账户名称	借方期末（初）余额	贷方期末（初）余额
库存现金	50 000	
固定资产	164 000	

续表

账户名称	借方期末（初）余额	贷方期末（初）余额
借款		214 000
合计	214 000	214 000

在实际工作中，一般将“本期发生额试算平衡表”与“余额试算平衡表”合并，编制“总分类账户本期发生额及余额试算平衡表”（简称试算平衡表）。

（三）试算平衡表的编制

试算平衡是通过编制试算平衡表进行的，可定期或不定期地编制该表。试算平衡通常是在期末结出各账户的本期发生额合计和期末余额后编制的，试算平衡表中一般应设置“期初余额”“本期发生额”和“期末余额”三大栏目，其下分设“借方”和“贷方”两个小栏目，其格式如表 4－3 所示。

表 4－3　　总分类账户试算平衡表

年　月　日　　　　单位：元

账户名称	期初余额		本期发生额		期末余额	
	借方	贷方	借方	贷方	借方	贷方
银行存款	A			B	A－B	
应付薪酬						
实收资本						
合计	C	C	D	D		

各栏目中的借方合计与贷方合计应该平衡相等，否则便存在记账错误。如果试算平衡，只能说明总分类账的登记基本正确，不能说明每笔账户记录绝对正确。因为有些错误对于借款双方的平衡并不产影响。但如果试算平衡表借贷不相等，则说明肯定存在错误，应当予以检查，并纠正。可以采用以下方法依次进行检查，直至找出错误为止。

（1）检查全部账户是否都已列入试算平衡表，并检查各个账户的发生额和余额是否都已正确地抄入试算平衡表。因为会计等式是对六项会计要素整体而言的，缺少任何一个账户的余额，都会造成期初或期末借方余额合计与贷方余额合计不相等；

（2）复核各账户的发生额和期末余额是否计算正确；

（3）核查由记账凭证登记账簿的全过程，核对后应在已核对的数字旁边做核对记号。核查结束后，再进一步检查记账凭证、分类账上有无未核对的金额。核查记账过程时，不仅要注意金额是否正确，而且要核对账簿登记中借方和贷方有无错位；

（4）进一步检查核实记账凭证编制是否正确，有无记账方向差错，是否违反“有借必有贷，借贷必相等”的记账规则。

通过上述检查，一般的错误均可以查出。

任务实施

任务实施一　请用借贷记账法记录下列经济业务

步骤一：判断应记入的会计账户

步骤二：正确记入账户的借方或者贷方

（1）7 月 2 日，郑州乐康有限公司开出现金支票，从银行提取现金 3 000 元备用。

这项经济业务涉及“银行存款”和“库存现金”两个账户。一方面使企业的“银行存款”减少 3 000 元，另一方面使企业的“库存现金”增加 3 000 元。“银行存款”是资产类账户，减少应记入该账户的贷方；“库存现金”也是资产类账户，增加应记入该账户的借方（如图 4 – 7 所示）。

图 4 – 7

（2）7 月 4 日，郑州乐康有限公司向银行借入短期借款 10 000 元，直接偿还之前欠黄海公司的购料款。

这项经济业务涉及“短期借款”和“应付账款”两个账户。一方面使企业的“短期借款”增加 10 000 元，另一方面使企业的“应付账款”减少 10 000元。“短期借款”是负债类账户，增加应记入该账户的贷方；“应付账款”也是负债类账户，减少应记入该账户的借方（如图 4 – 8 所示）。

图 4 – 8

（3）7 月 15 日，郑州乐康有限公司收到东方公司投入的资本 200 000 元，存入银行。

这项经济业务涉及“银行存款”和“实收资本”两个账户。一方面使企业的“银行存款”增加 200 000 元，另一方面使企业的“实收资本”增加200 000 元。“银行存款”是资产类账户，增加应记入该账户的借方；“实收资本”是所有者权益类账户，增加应记入该账户的贷方（如图 4 – 9 所示）。

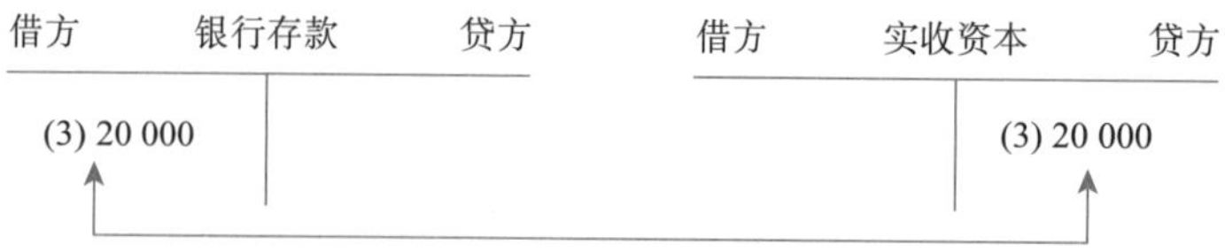

图 4－9

（4）7 月 17 日，郑州乐康有限公司用银行存款偿还欠博海公司的购料款 8 000 元。

这项经济业务涉及“银行存款”和“应付账款”两个账户。一方面使企业的“银行存款”减少 8 000 元，另一方面使企业的“应付账款”减少 8 000 元。“银行存款”是资产类账户，减少应记入该账户的贷方；“应付账款”是负债类账户，减少应记入该账户的借方（如图 4－10 所示）。

图 4－10

（5）7 月 20 日，郑州乐康有限公司购入原材料一批，价款 50 000 元，其中 30 000 元用银行存款支付，余下的 20 000 元暂欠供货单位。

这项经济业务涉及“原材料”“银行存款”和“应付账款”三个账户。一方面使企业的“原材料”增加 50 000 元，另一方面使企业的“银行存款”减少 30 000 元，使企业的“应付账款”增加 20 000 元。“原材料”是资产类账户，增加应记入该账户的借方；“银行存款”是资产类账户，减少应记入该账户的贷方；“应付账款”是负债类账户，增加应记入该账户的贷方（如图 4－11 所示）。

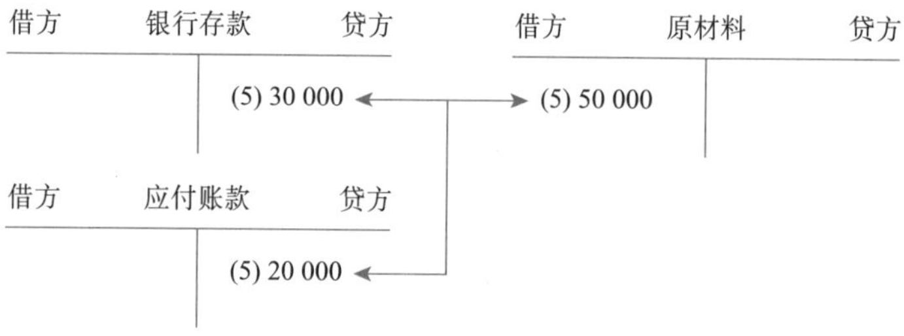

图 4－11

任务实施二　根据经济业务编制会计分录（见表 4－4）

步骤一：分析经济业务所涉及的对应账户的名称

步骤二：确定经济业务所涉及的对应账户金额是增加还是减少，并确定对应账户的记账方向（记借方还是贷方）

步骤三：根据经济业务内容确定对应账户应登记的金额

步骤四：确定应借应贷账户是否正确，借贷方金额是否相等

表 4－4

经济业务	账户名称	增加或减少	记账方向	金额	会计分录
购入一台设备，价款40 000元，用银行存款支付	固定资产	增加	借方	40 000	借：固定资产 40 000 贷：银行存款 40 000
	银行存款	减少	贷方	40 000	
用银行存款偿还前欠某公司的购料款12 000元	应付账款	减少	借方	12 000	借：应付账款 12 000 贷：银行存款 12 000
	银行存款	减少	贷方	12 000	
将现金2 000元存入银行	银行存款	增加	借方	2 000	借：银行存款 2 000 贷：库存现金 2 000
	库存现金	减少	贷方	2 000	
收到投资者投资款150 000元，存入银行	银行存款	增加	借方	150 000	借：银行存款 150 000 贷：实收资本 150 000
	实收资本	增加	贷方	150 000	
购入原材料一批，价款100 000元，其中80 000元以银行存款支付，余下的20 000元货款暂欠	原材料	增加	借方	100 000	借：原材料 100 000 贷：银行存款 80 000 应付账款 20 000
	银行存款	减少	贷方	80 000	
	应付账款	增加	贷方	20 000	

任务实施三 通过编制试算平衡表检查账户记录是否正确

步骤一：开设有关总分类账户的“丁”字账

步骤二：根据经济业务编制会计分录，并记入有关账户

步骤三：结算有关总分类账户，编制总分类账户余额和发生额试算平衡表

沿用任务实施一的五笔经济业务，已知郑州乐康有限公司2021年7月初有关总分类账户的期初余额如表4－5所示。

表 4－5 郑州乐康有限公司2021年7月有关总账的期初余额

账户名称	金额	账户名称	金额
库存现金	1 000	短期借款	90 000
银行存款	16 800	应付账款	60 000
应收账款	50 000	应交税费	42 800
原材料	25 000	实收资本	140 000
库存商品	40 000		
固定资产	200 000		
总计	332 800	总计	332 800

步骤一：开设有关总分类账户的“丁”字账，并根据资料中的总账期初余额表登记期初余额

借方　库存现金　贷方

借方		贷方	
期初余额	1 000		
	(1) 3 000		
本期发生额	3 000		
期末余额	4 000		

借方　银行存款　贷方

借方		贷方	
期初余额	16 800		
			(1) 3 000
	(3) 200 000		
			(4) 8 000
			(5) 30 000
本期发生额	200 000	本期发生额	41 000
期末余额	175 800		

借方　应收账款　贷方

借方		贷方	
期初余额	50 000		

借方　原材料　贷方

借方		贷方	
期初余额	25 000		
	(5) 50 000		
本期发生额	50 000		
期末余额	75 000		

借方　库存商品　贷方

借方		贷方	
期初余额	40 000		

借方　固定资产　贷方

借方		贷方	
期初余额	200 000		

借方　短期借款　贷方

借方		贷方	
		期初余额	90 000
			(2) 10 000
		本期发生额	10 000
		期末余额	100 000

借方　应付账款　贷方

借方		贷方	
		期初余额	60 000
	(2) 10 000		
	(4) 8 000		(5) 20 000
本期发生额	18 000	本期发生额	20 000
		期末余额	62 000

借方　应交税费　贷方

借方		贷方	
		期初余额	42 800

借方　实收资本　贷方

借方		贷方	
		期初余额	140 000
			(3) 200 000
		本期发生额	200 000
		期末余额	340 000

步骤二：根据经济业务编制会计分录，并记入有关账户

（1）借：库存现金　　3 000
　　　贷：银行存款　　3 000

（2）借：应付账款　　10 000
　　　贷：短期借款　　10 000

（3）借：银行存款　　200 000
　　　贷：实收资本　　200 000

（4）借：应付账款　　8 000
　　　贷：银行存款　　8 000

（5）借：原材料　　50 000
　　　贷：银行存款　　30 000

应付账款　　20 000

根据上述会计分录据以登入对应的“丁”字账中（见上述“丁”字账）。

步骤三：结算有关总分类账户，编制总分类账户发生额和余额试算平衡表（见表4－6）

表4－6　总分类账户发生额和余额试算平衡表

2021年7月　　单位：元

账户名称	期初余额		本期发生额		期末余额	
	借方	贷方	借方	贷方	借方	贷方
库存现金	1 000		3 000		4 000	
银行存款	16 800		200 000	41 000	175 800	
应收账款	50 000				50 000	
原材料	25 000		50 000		75 000	
库存商品	40 000				40 000	
固定资产	200 000				200 000	
短期借款		90 000		10 000		100 000
应付账款		60 000	18 000	20 000		62 000
应交税费		42 800				42 800
实收资本		140 000		200 000		340 000
合计	332 800	332 800	271 000	271 000	544 800	544 800

项目总结

本项目共有两个任务，详细讲解了会计记账方法与借贷记账法。

任务一主要讲述了会计记账的方法并介绍了复式记账法。复式记账法以资产与权益的平衡关系作为记账基础，对于每一项经济业务，都以相等的金额在两个或两个以上相互联系的账户中进行登记，从而全面、系统地反映会计要素增减变化的一种记账方法。复式记账法又可分为借贷记账法、增减记账法和收付记账法。在我国，所有企事业单位在进行会计核算时，都必须统一采用借贷记账法。

任务二主要讲述了借贷记账法的概念、特点，会计分录的种类、编制方法以及试算平衡方法的运用。借贷记账法是以“资产＝负债＋所有者权益”为理论依据，以“借”和“贷”为记账符号，以“有借必有贷，借贷必相等”为记账规则，对每一笔经济业务都以相等的金额在两个或两个以上相互联系的账户中进行登记的一种复式记账法。应掌握其记账符号、账户结构、记账规则和试算平衡四个方面；会计分录是指对每项经济业务都列示出应借、应贷的账户名称及金额的一种记录，它是由借贷方向、账户名称及金额三大要素构成。按所涉及账户的多少，会计分录分为简单会计分录和复合会计分录。会计分录应根据经济业务所涉及账户的性质，运用借贷记账法的原理来编制；试算平衡，是指根据借贷记账法的记账规则和资产与权益的恒等关系，通过对所有账户的发生额和余额的汇总计算、比较，来检查记录是否准确的一种方法。具体可分为发生额试算平衡法和余额试算平衡法两种方法。试算平衡是在期末结出各账户的本期发生额合计和期末余额后通过编制试算平衡表进行的，可定期或不定期地编制该表。试算平衡各栏目中的借方合计与贷方合计应该相等；否则，便存在记账错误，应当予以检查，并按规定的方法及时纠正。如果试算平衡，只能说明总分类账的登记基本正确，不能说明记录过程绝对正确。

项目五

应用借贷记账法

项目导航

知识目标	能力目标
• 理解企业经济活动的主要内容 • 熟悉工业企业主要经济业务总分类账户的设置和运用 • 掌握工业企业主要经济业务会计分录的编制 • 掌握各种税费及利润的计算方法	• 能够对工业企业主要经济业务进行会计核算 • 能够理解各种成本的内涵、构成和形成原理 • 能够理解各项利润指标的构成及净利润的分配顺序 • 能够理解材料采购成本、产品生产成本和产品销售成本之间的关系

课程思政

凡事都要脚踏实地去作，不驰于空想，不骛于虚声，而惟以求真的态度作踏实的工夫。以此态度求学，则真理可明，以此态度做事，则功业可就。

——李大钊

我们会计人员在工作时要细致认真、小心谨慎，因为在工作中差一分钱，账就会做不平衡。我们从学习使用“借贷记账法”开始，就要培养自己在各方面认真仔细的习惯，学习上细致入微，生活中守法合规。伟大领袖毛泽东说过，世界上怕就怕认真二字，共产党就最讲认真。只要我们时时认真、事事仔细，我们的日常生活和工作顺风顺水就会是大概率事件。

任务一　企业主要经济业务概述

任务导入

郑州乐康有限公司是一家以专业生产、经营塑料杯、玻璃杯、保温杯为主的连锁企业。2021 年 1 月 1 日该公司成立时是由李明和张辉共同投资设立，注册资本为人民币 100 万元。王晓是该公司的会计，郑州乐康有限公司日常会发生哪些经济业务？通过本任务学习我们将会对工业企业主要经济业务产生宏观的认识。

知识准备

与其他行业相比，工业企业的生产经营活动比较复杂，所涉及的业务范围比较广泛，其发生的交易或事项更具有代表性。因此，本书将以工业企业发生的交易或事项为例来说明借贷记账法在企业中的具体运用，主要介绍了企业的资金筹集、设备购置、材料采购、产品生产、商品销售和利润形成与分配等经济业务。企业从各个渠道筹集资金进入生产经营过程，主要使用货币资金购买机器设备、材料等，为生产产品做好物资准备，随后进入生产过程。产品的生产过程也是成本和费用的发生过程，从其变化过程看，原材料等劳动对象通过加工转化为产成品；从价值形态看，生产过程中发生的各种耗费形成企业的生产费用，使用厂房、机器设备等劳动资源形成折旧费用等，这些耗费的总和形成了产品的生产成本。销售过程是产品价值的实现过程，企业通过销售产品并办理结算等，收回货款或者形成债权。各项收入抵偿各项成本、费用之后的差额，形成企业的利润，完成一次资金循环。利润分配后，一部分资金退出企业，一部分资金以留存收益等形式继续参与企业的资金流转。工业企业经济业务流程如图 5－1 所示。

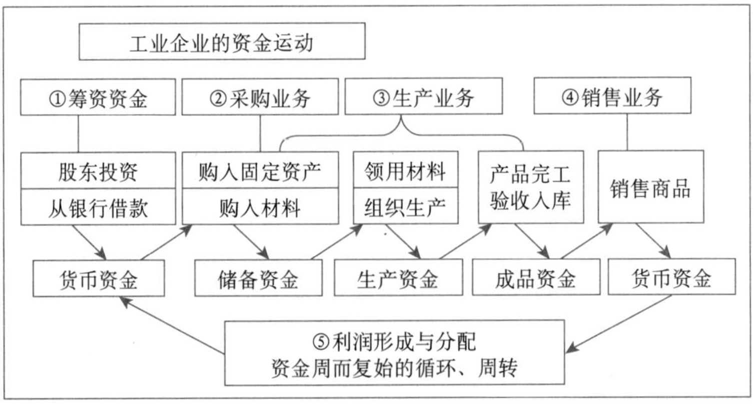

图 5－1　工业企业经济业务流程图

任务实施

任务实施　利用企业经济业务识别所属业务流程环节

步骤一：首先进行经济业务分析

步骤二：判断其所属的业务流程环节

郑州乐康有限公司 2021 年 6 月发生了一系列经济业务，请根据经济业务识别所属业务流程（见表 5－1）。

表 5－1

经济业务内容	经济业务分析	所属业务流程
对外销售塑料水杯	企业对外销售塑料水杯将收回货币资金，发生在销售环节	销售业务
向投资者分配红利	企业向所有者分配红利，使得这一部分资金离开企业	利润形成和分配业务
购买太空玻璃原材料	采购原材料是开展生产经营的准备阶段	采购业务
在车间加工生产玻璃杯	生产过程是工业企业经营活动的主要过程	生产业务
接受投资者投资	接受投资者投入资金，是资金进入企业的第一环节	资金筹集业务

任务二　确认、计量资金筹集业务

任务导入

郑州乐康有限公司作为一家以专业生产、经营塑料杯、玻璃杯、保温杯为主的连锁企业，其正常运行，需要筹集资金来保驾护航，郑州乐康有限公司的资金筹集渠道有哪些？公司的会计针对每种筹资渠道筹措的资金应该如何进行确认、计量呢？

知识准备

工业企业的正常运行，需要筹集资金来保驾护航。资金筹集业务按其资金来源通常分为所有者权益筹资和负债筹资，所有者权益筹资形成所有者权益（通常称为权益资本），包括投资者的投资及其增值；负债筹资形成债权人权益（通常称为债务资本），主要包括企业向债权人借入的资金和结算形成的负债资金。

一、所有者权益筹资的核算

投资者投入企业的资金主要形成资本金。资本金是指企业在工商行政管理部门登记的注册资本，也是企业依法筹集、长期拥有、可自主支配的资金。

所有者权益筹资的核算

资本金按照投资主体的不同，可分为国家资本金、法人资本金、个人资本金和外商资本金等。其中，国家资本金是指有权代表国家投资的政府部门或机构以国有资产投入企业形成的资本金；法人资本金是指其他法人单位以其依法可以支配的资产投入企业形成的资本金；个人资本金是指社会公众以个人合法财产投入企业形成的资本金；外商资本金是指外国投资者以及我国香港、澳门和台湾地区投资者向境内企业投资形成的资本金。企业接受投资者投入的资本金，可以是货币形式，也可以是非货币形式，如银行存款、原材料、库存商品、固定资产、无形资产等。

投资者投入企业的资金，虽属投资者所有，但在企业存续期间应当保全，除法律法规另有规定外，只能依法转让，不得抽回。

企业通常设置以下账户对投资业务进行核算：

1. “实收资本（或股本）”账户

“实收资本”账户（股份有限公司一般设置“股本”账户）属于所有者权益类账户，用以核算企业的投资者按照企业章程、合同或协议的约定，实际投入企业的资本金以及按照有关规定由资本公积、盈余公积等转增资本的资金。该账户贷方登记所有者投入企业资本金的增加额，借方登记所有者投入企业资本金的减少或转销。期末余额在贷方，反映企业期末实收资本（或股本）总额。账户结构如图 5－2 所示。

借方　　　　实收资本(或股本)	贷方
所有者投入企业资本金的减少额	所有者投入企业资本金的增加额
	余额： 企业期末实收资本(或股本)总额

图 5－2　实收资本（或股本）账户结构

该账户可按投资者的不同设置明细账户，进行明细核算。

2. “资本公积”账户

“资本公积”账户属于所有者权益类账户，用以核算企业收到投资者出资额超出其在注册资本或股本中所占份额的部分，以及直接计入所有者权益的利得和损失。该账户借方登记资本公积的减少或转销，贷方登记资本公积的增加额，期末余额在贷方，反映企业期末资本公积的结余数额。账户结构如图 5－3 所示。

借方　　　　资本公积	贷方
资本公积的减少额	资本公积的增加额
	余额： 企业期末资本公积的结余数

图 5－3　资本公积账户结构

按资本公积的来源不同，该账户可分别以“资本溢价（或股本溢价）”“其他资本公积”设置明细账户，进行明细核算。

小贴士：

企业收到的投资者出资额超过其在注册资本或股本中所占份额的部分即资本（股本）溢价，应记入“资本公积”账户，而不在“实收资本”账户核算。

3. “银行存款”账户

“银行存款”账户属于资产类账户，用以核算企业存入银行或其他金融机构的各种款项。该账户借方登记存入的款项，贷方登记提取或支出的存款。期末余额在借方，反映企业存在银行或其他金融机构的各种款项。账户结构如图 5－4 所示。

借方　　银行存款	贷方
企业存入的款项	企业提取或支出的存款
余额： 企业存在银行或其他金融机构的各种款项	

图 5－4　银行存款账户结构

该账户应当按照开户银行、存款种类等设置明细账户，进行明细核算。

二、负债筹资的核算

负债筹资的核算

借入资金是指企业依法筹集、依约使用、到期偿还本息的资金，主要通过向银行或其他金融机构借款等方式筹集。借款按偿还期长短可分为短期借款和长期借款。短期借款是指企业为了满足其生产经营对资金的临时性需要而向银行或其他金融机构等借入的偿还期限在 1 年以内（含 1 年）的各种借款。长期借款是指企业向银行或其他金融机构等借入的偿还期限在 1 年以上（不含 1 年）的各种借款。

企业通常设置以下账户对负债业务进行核算：

1. “短期借款”账户

“短期借款”账户属于负债类账户，用以核算企业向银行或其他金融机构等借入的偿还期限在 1 年以内（含 1 年）的各种借款。该账户贷方登记短期借款本金的增加额，借方登记短期借款本金的减少额，期末余额在贷方，反映企业期末尚未偿还的短期借款。账户结构如图 5－5 所示。

借方　　短期借款	贷方
短期借款本金的减少	短期借款本金的增加额
	余额： 期末尚未归还的短期借款

图 5－5　短期借款账户结构

该账户可按借款种类、贷款人和币种等设置明细账户，进行明细核算。

2. “长期借款”账户

“长期借款”账户属于负债类账户，用以核算企业向银行或其他金融机构等借入的偿还期限在 1 年以上（不含 1 年）的各种借款。该账户贷方登记企业借入的长期借款本金和到期一次还本付息长期借款预计的利息，借方登记已归还的本金和利息，期末余额在贷方，反映企业尚未偿还的长期借款本息。账户结构如图 5 –6 所示。

借方	长期借款　　　　贷方
归还的本金和利息	企业借入的长期借款本金和到期一次还本付息长期借款预计的利息
	余额： 企业期末尚未归还的长期借款本息

图 5 –6　长期借款账户结构

该账户可按贷款单位和贷款种类，设置“本金”“应计利息”和“利息调整”等明细账户，进行明细核算。

3. “财务费用”账户

“财务费用”账户属于损益类中的费用账户，用以核算企业为筹集生产经营所需资金等而发生的筹资费用，包括利息支出（减利息收入）、汇兑损益以及相关的手续费、企业发生的现金折扣或收到的现金折扣等。该账户借方登记手续费、利息费用等的增加额，贷方登记应冲减财务费用的利息收入等。期末应将本账户余额转入“本年利润”账户，结转后本账户无余额。账户结构如图 5 –7 所示。

借方	财务费用　　　　贷方
手续费、利息费用等的增加额	应冲减财务费用的利息收入等

期末无余额

图 5 –7　财务费用账户结构

该账户可按财务费用的种类设置明细账户，进行明细核算。

4. “应付利息”账户

“应付利息”账户属于负债类账户，用来核算企业按照合同约定应支付的利息，包括短期借款、分期付息到期还本的长期借款等应支付的利息。该账户贷方登记企业按照合同利率计算确定的应付未付利息，借方登记归还的利息。期末余额在贷方，反映企业应付未付的利息。账户结构如图 5 –8所示。

借方　　应付利息	贷方
企业实际支付的利息	企业按照合同利率计算确定 的应付未付利息
	余额：企业应付未付利息

图 5－8　应付利息账户结构

任务实施

任务实施　根据经济业务完成相关账务处理

郑州乐康有限公司发生下列与筹资有关的经济业务：

（1）2021 年 1 月 1 日，收到投资者李明投入资本 70 万元存入银行。

步骤一：进行会计确认

这项经济业务的发生，引起资产要素中银行存款和所有者权益要素中的实收资本发生同时增加的变化，应分别在“银行存款”和“实收资本”两个账户中登记增加金额。

步骤二：进行会计计量

该项经济业务应按实际成本计量，金额为 700 000 元。

步骤三：根据银行进账单收账通知联和接受投资收据留底联等原始凭证，编制会计分录

借：银行存款　　700 000

　　贷：实收资本——李明　　700 000

（2）2021 年 5 月 1 日，第三位投资者马向阳加入。按照投资协议，新投资者需缴入资金 15 万元，同时享有该公司 10 万元股份，已收到该笔投资，款项存入银行。

步骤一：进行会计确认

这项经济业务的发生，引起资产要素中银行存款和所有者权益要素中的实收资本、资本公积发生同时增加的变化，应分别在“银行存款”“实收资本”“资本公积”三个账户中登记增加金额。

步骤二：进行会计计量

该项经济业务应按实际成本计量，“银行存款”账户借方应记金额为 150 000元，“实收资本——马向阳”账户贷方应记金额 100 000 元，“资本公积——资本溢价”账户贷方应记金额为 50 000 元。

步骤三：根据银行进账单收账通知联和接受投资收据留底联等原始凭证，编制会计分录

借：银行存款　　150 000

　　贷：实收资本——马向阳　　100 000

资本公积——资本溢价 50 000

（3）2021 年 5 月 1 日，从银行借入偿还期限为 3 个月，年利率为 6% 的借款 200 000 元。企业收到借款存入银行。

步骤一：进行会计确认

这项经济业务的发生，引起资产要素中银行存款和负债要素中的短期借款发生同时增加的变化，应分别在“银行存款”“短期借款”两个账户中登记增加金额。

步骤二：进行会计计量

该项经济业务应按实际成本计量，金额为 200 000 元。

步骤三：根据银行借款借据入账通知单等原始凭证，编制会计分录

借：银行存款 200 000

　　贷：短期借款 200 000

（4）以银行存款支付 2021 年 5 月的短期借款利息费用 1 000 元。

步骤一：进行会计确认

这项经济业务的发生，引起费用要素中财务费用发生增加和资产要素中银行存款发生减少的变化，应分别在“财务费用”账户中登记增加金额，在“银行存款”账户中登记减少金额。

步骤二：进行会计计量

该项经济业务应按实际成本计量，金额为 1 000 元。

步骤三：根据银行贷款利息付款通知单等原始凭证，编制会计分录

借：财务费用 1 000

　　贷：银行存款 1 000

（5）在银行按季度收取利息的情况下，公司计提 2021 年 5 月短期借款利息费用 1 000 元。

步骤一：进行会计确认

这项经济业务的发生，引起费用要素中财务费用和负债要素中应付利息发生同时增加的变化，应同时在“财务费用”“应付利息”账户中登记增加额。

步骤二：进行会计计量

该项经济业务应按实际成本计量，金额为 1 000 元。

步骤三：根据银行借款利息计算表等原始凭证，编制会计分录

借：财务费用 1 000

　　贷：应付利息 1 000

（6）2021 年 8 月 1 日，以银行存款归还本日到期的短期借款本金 200 000。

步骤一：进行会计确认

这项经济业务的发生，引起资产要素中银行存款和负债要素中短期借款发生同时减少的变化，应同时在“银行存款”“短期借款”账户中登记减少金额。

步骤二：进行会计计量

该项经济业务应按实际成本计量，金额为 200 000 元。

步骤三：根据银行借款还款通知单等原始凭证，编制会计分录

借：短期借款　　　　200 000

　　贷：银行存款　　　　200 000

（7）在按月计提分季度付息的情况下，2021 年 8 月 1 日，以银行存款归还 3 个月短期借款利息费用 3 000 元 。

步骤一：进行会计确认

这项经济业务的发生，引起费用要素中财务费用增加、负债要素中应付利息减少、资产要素中银行存款减少的变化，应在“财务费用”账户中登记增加金额“应付利息”账户中登记减少金额，“银行存款”账户中登记减少金额。

步骤二：进行会计计量

该项经济业务应按实际成本计量，“财务费用”账户借方应记金额为 1 000元，“应付利息”账户中借方应记金额 2 000 元，“银行存款”账户贷方应记金额为 3 000 元。

步骤三：根据银行借款利息计算表、银行贷款利息支付通知单等原始凭证，编制会计分录

借：财务费用　　　　1 000

　　应付利息　　　　2 000

　　贷：银行存款　　　　3 000

（8）2020 年 1 月 1 日，从银行借入到期一次还本付息，偿还期限为 2 年，年利率为 6% 的借款 100 000 元，企业收到借款存入银行。

步骤一：进行会计确认

这项经济业务的发生，引起资产要素中银行存款和负债要素中的长期借款发生同时增加的变化，应分别在“银行存款”“短期借款”两个账户中登记增加金额。

步骤二：进行会计计量

该项经济业务应按实际成本计量，金额为 100 000 元。

步骤三：根据银行借款借据入账通知单等原始凭证，编制会计分录

借：银行存款　　　　100 000

　　贷：长期借款——本金　　　　100 000

（9）2020 年 12 月 31 日计提本年应承担的利息 6 000 元。

步骤一：进行会计确认

这项经济业务的发生，引起费用要素中财务费用和负债要素中长期借款发生同时增加的变化，应同时在“财务费用”“长期借款”账户中登记增加额。

步骤二：进行会计计量

该项经济业务应按实际成本计量，金额为 6 000 元。

步骤三：根据银行借款利息计算表等原始凭证，编制会计分录

借：财务费用　　　　6 000

　　贷：长期借款——应计利息　　　　6 000

（10）2021 年 12 月 31 日，以银行存款归还到期的长期借款本金和利息费用共计 112 000 元。

步骤一：进行会计确认

这项经济业务的发生，引起资产要素中银行存款和负债要素中长期借款发生同时减少的变化，应同时在“银行存款”“长期借款”账户中登记减少额。

步骤二：进行会计计量

该项经济业务应按实际成本计量，“长期借款——本金”账户借方应记金额为 100 000 元，“长期借款——应计利息”账户中借方应记金额 12 000 元，“银行存款”账户贷方应记金额为 112 000 元。

步骤三：根据银行借款还款通知单、银行贷款利息支付通知单等原始凭证，编制会计分录

借：长期借款——本金　　100 000

　　　　　　——应计利息　　12 000

　贷：银行存款　　112 000

任务三　确认、计量采购业务

任务导入

郑州乐康有限公司从不同渠道筹集到各种资金后，就可以将这些资金投入到正常的生产经营活动中去，为企业带来经济利益。首先就需要购买生产经营所需的材料、物料以及机器设备等，王晓是该公司的会计，面对购买过程中涉及的价值运动该如何进行确认、计量呢？

知识准备

企业从不同渠道筹集到各种资金后，就可以将这些资金投入到正常的生产经营活动中去，通过资金在企业内部的循环周转，为企业带来经济利益。资金进入企业后的运动方式和表现形态会发生循环周转的变化，相应的核算内容和方法也有所不同。我们一般将其划分为采购、生产和销售三个过程，其中的采购过程也称为供应过程，是企业为生产经营做准备的过程，主要包括两类经济业务：一是购入生产经营所需的各种材料，二是购置机器设备等固定资产。

一、采购材料的核算

材料是企业维持正常生产经营所必需的物资，是生产中的劳动对象，其采购过程通常是指从材料采购开始到验收入库为止的整个过程。

采购成本的确定

（一）采购成本

材料的采购成本是指材料从采购到入库前所发生的全部合理、必要的支出，具体包括：

（1）材料买价，即购买发票价格；（2）相关税费，包括进口货物关税、消费税和其他费用；（3）运输途中的合理损耗以及入库前的挑选整理费用；（4）采购过程中发生的运输费、装卸费、保险费以及其他可归属于采购成本的费用。

其中，材料买价应直接计入各种材料的采购成本，其他采购费用凡是能分清为采购该材料而支付的，可直接计入该材料的采购成本，凡不能分清的，应按材料的重量或买价等比例，分摊计入各种材料的采购成本。

增值税是以商品和劳务在流转过程中产生的增值额作为征税对象而征收的一种流转税。对我国境内销售货物、提供加工修理修配劳务、销售服务、无形资产及不动产，以及进口货物的企业、单位和个人，就其销售货物、提供应税劳务、发生应税行为的增值额和货物进口金额为计税依据而课征的一种流转税。按照纳税人的经营规模及会计核算的健全程度不同，国家将增值税纳税人分为一般纳税人和小规模纳税人两类，对其应纳增值税额分别采用两种不同的计算征收方法：对一般纳税人采取抵扣方法，其应纳增值税额根据当期销项税额抵扣当期进项税额后的差额确定；对小规模纳税人采用简易征收方法，其应纳增值税额根据销售额和规定的征收率计算确定。本教材主要介绍一般纳税人企业应纳增值税的计算方法。

当期应纳税额 = 当期销项税额 − 当期进项税额

> 小贴士：
>
> 增值税四句法则：(1) 购买材料时交进项税记借方；(2) 销售产品时收销项税记贷方；(3) 应交增值税 = 销项税 − 进项税；(4) 购买材料时应交的增值税不计入成本，而应单独列出。

（二）账户设置

企业通常设置以下账户对采购材料进行核算：

1. “在途物资”账户

“在途物资”账户属于资产类账户，用以核算企业采用实际成本（或进价）进行材料、商品等物资的日常核算，其适用于货款已付但尚未验收入库的在途物资的采购成本。

该账户借方登记购入尚未验收入库的材料、商品等物资的买价和采购费用（采购实际成本），贷方登记已验收入库材料、商品等物资应结转的实际采购成本。期末余额在借方，反映企业期末在途材料、商品等物资的采购成本。账户结构如图 5－9 所示。

2. “原材料”账户

“原材料”账户属于资产类账户，用以核算企业库存的各种材料，包括原料及主要材料、辅助材料和外购半成品（外购件）等的计划成本或实际成本。

该账户借方登记已验收入库材料的成本，贷方登记发出材料的成本。期末余额在借方，反映企业库存材料的计划成本或实际成本。账户结构如图 5－10 所示。

借方 在途物资	贷方
购入尚未验收入库的材料的买价和采购费用(采购实际成本)	结转完成采购过程、已验收入库材的实际采购成本
余额： 反映企业期末在途材料等物资的采购成本	

图 5-9　在途物资账户结构

借方 原材料	贷方
已验收入库材料的成本	发出材料的成本
余额： 反映企业库存材料的计划成本或实际成本	

图 5-10　原材料账户结构

该账户可按材料的保管地点（仓库）、材料的类别、品种和规格等设置明细账户，进行明细核算。

3. “应交税费”账户

“应交税费”账户属于负债类账户，用以核算企业按照税法等规定计算应交纳的各种税费，包括增值税、消费税、所得税、资源税、土地增值税、城市维护建设税、房产税、土地使用税、车船税、教育费附加、矿产资源补偿费等，企业代扣代交的个人所得税等，也通过本账户核算。

该账户借方登记企业实际交纳的各种税费，贷方登记各种应交未交税费。期末余额在借方，反映企业期末多交或尚未抵扣的税费；期末余额在贷方，反映企业期末尚未交纳的税费。账户结构如图 5-11 所示。

借方 应交税费	贷方
实际交纳的各种税费	各种应交未交税费
余额： 反映企业多交或尚未抵扣的税费	余额： 反映企业尚未交纳的税费

图 5-11　应交税费账户结构

该账户可按税种设置明细账户，进行明细核算。

4. “应付账款”账户

“应付账款”账户属于负债类账户，用以核算企业因购买材料、商品和接受劳务等经营活动应支付的款项。

该账户贷方登记企业因购入材料、商品和接受劳务等尚未支付的款项，借方登记偿还的应付账款。期末余额一般在贷方，反映企业期末尚未支付的

小贴士：

在材料采购业务中，一般纳税人支付的增值税进项税额在“应交增值税”明细账户的借方（“进项税额”专栏）登记，用以贷方（“销项税额”专栏）登记的销项税额进行抵减。“应交增值税”明细账户的贷方余额表示抵扣后应交的增值税额，如为借方余额，表示尚未抵扣完需要以后继续进行抵扣的进项税额。

应付账款余额；如果在借方，反映企业期末预付账款余额。账户结构如图 5－12 所示。

借方　　应付账款	贷方
偿还的应付账款	企业因购入材料、商品和接受劳务等尚未支付的款项
余额： 反映企业期末预付的款项	余额： 反映企业期末尚未支付的应付账款余额

图 5－12　应付账款账户结构

该账户可按供应单位（债权人）设置明细账户，进行明细核算。

小贴士：

在企业预付货款业务不多，不单独设置“预付账款”账户而在“应付账款”账户核算的情况下，“应付账款”账户的某些明细账户有时会出现借方余额，表示预付的货款。

5. “预付账款”账户

“预付账款”账户属于资产类账户，用以核算企业按照合同规定预付的款项。

该账户的借方登记企业因购货等业务预付的款项，贷方登记企业收到货物后应支付的款项等。期末余额在借方，反映企业预付的款项；期末余额在贷方，反映企业尚需补付的款项。账户结构如图 5－13 所示。

借方　　预付账款	贷方
企业因购货等业务预付的款项	企业收到货物后应支付的款项
余额： 反映企业期末预付的款项	余额： 反映企业尚需补付的款项

图 5－13　预付账款账户结构

该账户可按供货单位设置明细账户，进行明细核算。

小贴士：

在企业预付货款业务不多的情况下，企业可不设置“预付账款”账户而在“应付账款”账户核算预付货款业务。

6. “应付票据”账户

“应付票据”账户属于负债类账户，用以核算企业购买材料、商品和接受劳务等开出、承兑的商业汇票，包括银行承兑汇票和商业承兑汇票。

该账户贷方登记企业开出、承兑的商业汇票，借方登记企业已经支付或者到期无力支付的商业汇票。期末余额在贷方，反映企业尚未到期的商业汇票的金额。账户结构如图 5－14 所示。

借方　　应付票据	贷方
已经支付或者到期无力支付的商业汇票	企业开出、承兑的商业汇票
	余额： 反映企业尚未到期的商业汇票的金额

图 5－14　应付票据账户结构

该账户可按债权人设置明细账户，进行明细核算。

二、购置机器设备的核算

企业购置机器设备形成企业的固定资产。固定资产应按取得时的实际成本（即原始价值）作为入账价值，其入账价值应根据具体的形成渠道和涉及的内容分别确定。其中，购置不需要经过建造安装而直接投入使用的固定资产，按实际支付的买价、运杂费和保险费等作为固定资产的入账价值；自行建造完成或需要安装完成的固定资产，按照各项固定资产达到预定可使用状态前发生的一切合理、必要的支出作为其入账价值。

需要特别注意的是，按照税法规定，增值税一般纳税人的企业购置机器设备时缴纳的增值税，取得增值税专用发票，其金额不应计入固定资产的成本，而是留待以后缴纳增值税时进行税款抵扣，记入“应交税费——应交增值税（进项税额）”。

一般纳税人企业增值税进项税额的抵扣须凭增值税专用发票（抵扣联）经国家税务机关审查，不能提供增值税专用发票（抵扣联）的不能进行抵扣。企业应当按规定对增值税专用发票（抵扣联）进行管理。

企业通常设置以下账户对购置机器设备进行核算：

1. “固定资产”账户

“固定资产”属于资产类账户，用以核算企业持有的固定资产原价。

该账户的借方登记固定资产原价的增加，贷方登记固定资产原价的减少。期末余额在借方，反映企业期末固定资产的原价。账户结构如图 5－15 所示。

借方　　　　固定资产	贷方
固定资产原价的增加	固定资产原价的减少
余额： 企业期末固定资产的原价	

图 5－15　固定资产账户结构

该账户可按固定资产类别和项目设置明细账户，进行明细核算。

2. “在建工程”账户

“在建工程”账户属于资产类账户，用以核算企业基建、更新改造等在建工程发生的支出。

该账户借方登记企业各项在建工程的实际支出，贷方登记工程达到预定可使用状态时转出的成本等。期末余额在借方，反映企业期末尚未达到预定可使用状态的在建工程成本。账户结构如图 5－16 所示。

借方	在建工程　　贷方
企业各项在建工程的实际支出	完工工程转出的成本
余额： 企业期末尚未达到预定可使用状态的在建工程的成本	

图 5-16　在建工程账户结构

该账户可按建筑工程、安装工程、在安装设备等设置明细账户，进行明细核算。

任务实施

任务实施　根据经济业务完成相关账务处理

郑州乐康有限公司发生下列与采购有关的经济业务：

（1）2021 年 5 月 10 日，从腾飞厂购入生产所需太空玻璃一批价值 50 000 元，增值税税额 6 500 元，取得增值税专用发票，全部款项以银行存款支付，材料已到达企业验收入库。

步骤一：进行会计确认

这项经济业务的发生，引起资产要素中原材料发生增加、银行存款发生减少和负债要素中应交税费发生减少的变化，应在“原材料”账户登记增加金额。“银行存款”“应交税费”账户中登记减少额。

步骤二：进行会计计量

该项经济业务应按实际成本计量，“原材料”账户借方应记金额为 50 000 元，“应交税费——应交增值税（进项税额）”账户借方应记金额 6 500 元，“银行存款”账户贷方应记金额为 56 500 元。

步骤三：根据银行付款凭证、增值税专用发票和收料单等原始凭证，编制会计分录

借：原材料——太空玻璃　　50 000
　　应交税费——应交增值税（进项税额）　　6 500
　贷：银行存款　　56 500

（2）2021 年 5 月 20 日，从华天厂购入生产所需聚丙烯一批价值 24 000，增值税税额 3 120 元，取得增值税专用发票，华天厂代垫运杂费 2 000 元，材料已到达企业验收入库，货款尚未支付。

步骤一：进行会计确认

这项经济业务的发生，引起资产要素中原材料发生增加、负债要素中应交税费发生减少以及应付账款发生增加变化，应在“原材料”账户登记增加金额、“应交税费”账户中登记减少金额、“应付账款”账户登记增加金额。

步骤二：进行会计计量

该项经济业务应按实际成本计量，运杂费也应计入材料成本，“原材料”账户借方应记金额为26 000元，“应交税费——应交增值税（进项税额）”账户借方应记3 120元，“应付账款”账户贷方应记金额为29 120元。

步骤三：根据增值税专用发票和收料单等原始凭证，编制会计分录

借：原材料——聚丙烯　　26 000
　　应交税费——应交增值税（进项税额）　　3 120
　　贷：应付账款——华天厂　　29 120

（3）2021年5月10日，从华天厂购入生产所需聚丙烯36 000元，增值税税额4 680元，取得增值税专用发票，材料已到达企业验收入库，全部款项向对方开出并承兑为期6个月的商业汇票一张予以支付。

步骤一：进行会计确认

这项经济业务的发生，引起资产要素中原材料发生增加、负债要素中应交税费发生减少以及应付票据发生增加变化，应在“原材料”账户登记增加金额、“应交税费”账户中登记减少金额、“应付票据”账户登记增加金额。

步骤二：进行会计计量

该项经济业务应按实际成本计量，“原材料”账户借方应记金额为36 000元，“应交税费——应交增值税（进项税额）”账户借方应记4 680元，“应付票据”账户贷方应记金额为40 680元。

步骤三：根据增值税专用发票和收料单等原始凭证，编制会计分录

借：原材料——聚丙烯　　36 000
　　应交税费——应交增值税（进项税额）　　4 680
　　贷：应付票据——华天厂　　40 680

（4）2021年5月20日，从腾飞厂购入生产所需太空玻璃1000千克，价值30 000元、聚丙烯3000千克，价值30 000元；增值税税额7 800元，取得增值税专用发票。两种材料共发生运杂费用5 000元，全部款项以银行存款支付，材料尚未到达，运杂费用按材料的重量比例分配。

步骤一：进行会计确认

这项经济业务的发生，引起资产要素中在途物资增加、银行存款减少和负债要素中应交税费减少的变化，应在“在途物资”账户登记增加金额、“应交税费”账户中登记减少金额、“银行存款”账户登记减少金额。

步骤二：进行会计计量

该项经济业务应按实际成本计量，“在途物资”总分类账户借方应记金额为65 000元，“应交税费——应交增值税（进项税额）”账户借方应记7 800元，“银行存款”账户贷方应记金额为72 800元。

在途物资各明细账户借方应记金额按下列采购成本计算结果确定：

$$运杂费用分配率=\frac{5\ 000}{1\ 000+3\ 000}=1.25$$

太空玻璃应负担的运杂费 = 1 000 × 1.25 = 1 250（元）

聚丙烯应负担的运杂费 = 3 000 × 1.25 = 3 750（元）

步骤三：根据增值税专用发票、银行付款凭证、运杂费发票和采购成本计算表等原始凭证，编制会计分录

借：在途物资——太空玻璃　31 250
　　　　　　——聚丙烯　33 750
　　应交税费——应交增值税（进项税额）　7 800
　　贷：银行存款　72 800

（5）2021 年 5 月 21 日，20 日从腾飞厂购入的太空玻璃、聚丙烯材料运到，验收入库。

步骤一：进行会计确认

这项经济业务的发生，引起资产要素中原材料和在途物资发生一增一减变化，应在“原材料”账户中登记增加金额和“在途物资”账户中登记减少金额。

步骤二：进行会计计量

按本月 20 日支付货款时计量并记入“在途物资”账户的金额确定。

步骤三：根据收料单等原始凭证，编制会计分录

借：原材料——太空玻璃　31 250
　　　　　——聚丙烯　33 750
　　贷：在途物资——太空玻璃　31 250
　　　　　　　　——聚丙烯　33 750

（6）2021 年 6 月 20 日，以银行存款 10 000 元向腾飞厂预付购买太空玻璃的货款。

步骤一：进行会计确认

这项经济业务的发生，引起资产要素中预付账款和银行存款发生一增一减变化，应在“预付账款”账户中登记增加金额“银行存款”账户中登记减少金额。

步骤二：进行会计计量

该项经济业务应按实际成本计量，金额为 10 000 元。

步骤三：根据银行付款凭证等原始凭证，编制会计分录

借：预付账款——腾飞厂　10 000
　　贷：银行存款　10 000

（7）郑州乐康有限公司为增值税一般纳税人，2021 年 3 月 19 日购入一台不需要安装即可投入使用的设备，取得的增值税专用发票上注明的价款为 80 000 元，增值税税额为 10 400 元，款项以银行存款支付。

步骤一：进行会计确认

这项经济业务的发生，引起资产要素中固定资产发生增加变化、银行存款发生减少变化，负债要素中应交税费发生减少的变化，应在“固定资产”账户

登记增加额、“应交税费”账户中登记减少额、“银行存款”账户登记减少额。

步骤二：进行会计计量

该项经济业务应按实际成本计量，“固定资产”账户借方应记金额为 80 000 元，“应交税费——应交增值税（进项税额）”账户中借方应记 10 400 元，“银行存款”账户贷方应记金额为 92 800 元。

步骤三：根据增值税专用发票等原始凭证，编制会计分录

借：固定资产——设备　　80 000

　　应交税费——应交增值税（进项税额）　　10 400

　　贷：银行存款　　90 400

（8）郑州乐康有限公司为增值税一般纳税人，2021 年 5 月 13 日购入一台需要安装的设备，取得的增值税专用发票上注明的设备价款为 50 000 元，增值税税额为 6 500 元。2021 年 5 月 20 日，支付的安装费为 2 000 元。2021 年 5 月 31 日，安装完成，达到预定可使用状态。所有款项已通过银行转账支付。

2021 年 5 月 13 日：

步骤一：进行会计确认

这项经济业务的发生，引起资产要素中在建工程发生增加、银行存款发生减少，负债要素中应交税费发生减少的变化。应在“在建工程”账户登记增加金额、“应交税费”账户中登记减少金额、“银行存款”账户登记减少金额。

步骤二：进行会计计量

该项经济业务应按实际成本计量，“在建工程”账户借方应记金额为 50 000 元，“应交税费——应交增值税（进项税额）”账户中借方应记 6 500 元，“银行存款”账户贷方应记金额为 56 500 元。

步骤三：根据增值税专用发票等原始凭证，编制会计分录

借：在建工程　　50 000

　　应交税费——应交增值税（进项税额）　　6 500

　　贷：银行存款　　56 500

2021 年 5 月 20 日：

步骤一：进行会计确认

这项经济业务的发生，引起资产要素中在建工程发生增加变化、银行存款发生减少变化。应在“在建工程”账户登记增加金额、“银行存款”账户登记减少金额。

步骤二：进行会计计量

该项经济业务应按实际成本计量，“在建工程”账户借方应记金额为 2 000元，“银行存款”账户贷方应记金额为 2 000 元。

步骤三：根据安装费用发票等原始凭证，编制会计分录

借：在建工程　　2 000

　　贷：银行存款　　2 000

2021 年 5 月 31 日：

步骤一：进行会计确认

这项经济业务的发生，引起资产要素中在建工程、固定资产发生一增一减变化。应在“固定资产”账户登记增加金额、“在建工程”账户中登记减少金额。

步骤二：进行会计计量

该项经济业务应按实际成本计量，“固定资产”账户借方应记金额为 52 000 元，“在建工程”账户贷方应记金额为 52 000 元。

步骤三：根据固定资产完工验收单等原始凭证，编制会计分录

借：固定资产　　52 000

　　贷：在建工程　　52 000

任务四　确认、计量生产业务

任务导入

郑州乐康有限公司现已正式投入生产过程中，利用原材料等生产要素，经过工人生产加工，最终生产出产品验收入库。生产过程是企业产品的制造过程。王晓是该公司的会计，面对生产过程中遇到的经济业务如何进行确认、计量呢？

知识准备

生产过程是工业企业经营活动的主要过程，是从投入原材料等生产要素，经过工人生产加工，到产品验收入库的全过程。生产过程既是企业产品的制造过程，同时是生产资料的耗费过程。在此阶段，企业要发生各种生产费用，这些费用最终都要归集、分配给特定的产品，形成产品的成本。因此，在产品生产过程中费用的发生、归集和分配，以及产品成本的形成，就构成了生产过程核算的主要内容。

一、生产费用的构成

生产费用是指与企业日常生产经营活动有关的费用，按其经济用途不同可分为直接材料、直接人工和制造费用。

生产成本的构成

（一）直接材料

直接材料是指构成产品实体的原材料以及有助于产品形成的主要材料和辅助材料。

（二）直接人工

直接人工是指直接从事产品生产的工人的职工薪酬。

（三）制造费用

制造费用是指企业为生产产品和提供劳务而发生的各项间接费用，包括车间管理人员的工资和福利费、车间固定资产折旧费、办公费、水电费、物料消耗等。

其中，直接材料和直接人工统称为直接费用，直接费用是与产品生产有直接关系的费用，发生时应直接计入某种产品的生产成本。制造费用属于间接费用，需要按照一定的标准在不同产品中进行分配，再计入产品的生产成本中。

制造费用分配核算

制造费用的分配标准可以是生产工人工资、生产工时、机器工时等。

制造费用分配的基本步骤：

（1）计算费用分配率

$$费用分配率 = \frac{待分配的费用总额}{各种产品的分配标准数额之和}$$

（2）计算各种产品应负担的费用

某种产品应负担的费用 = 该种产品的分配标准数额 × 费用分配率

二、账户设置

企业通常设置以下账户对生产业务进行核算：

1. “生产成本”账户

“生产成本”账户属于成本类账户，用以核算企业进行工业性生产发生的各项生产成本，包括生产各种产品（产成品、自制半成品等）、自制材料、自制工具、自制设备等发生的各项生产成本。

该账户借方登记应计入产品生产成本的各项费用，包括直接计入产品生产成本的直接材料费、直接人工费和其他直接支出，以及期末按照一定的方法分配计入生产成本的制造费用；贷方登记结转完工入库产成品的生产成本。期末余额在借方，反映企业期末尚未加工完成的在产品成本。账户结构如图 5－17 所示。

借方　　　　生产成本	贷方
应计入产品生产成本的各项费用	结转完工入库产成品的生产成本
余额： 企业期末尚未加工完成的在产品成本	

图 5－17　生产成本账户结构

该账户可按基本生产成本和辅助生产成本设置明细账户，进行明细核算。基本生产成本应当分别按照基本生产车间和成本核算对象（产品的品种、类别、订单、批别、生产阶段等）设置明细账（或成本计算单），并按照规定的成本项目设置专栏。

2. “制造费用”账户

“制造费用”账户属于成本类账户，用以核算企业生产车间（部门）为生产产品和提供劳务而发生的各项间接费用，如固定资产折旧，取工薪酬，物料消耗、水电支出、停工损失等。

该账户借方登记实际发生的各项制造费用，贷方登记期末按照一定标准分配转入“生产成本”账户借方的应计入产品成本的制造费用。期末结转后，该账户一般无余额。账户结构如图 5－18 所示。

借方　　　制造费用	贷方
实际发生的各项制造费用	期末按照一定标准分配结转入“生产成本”账户借方的应计入产品成本的制造费用
期末无余额	

图 5－18　制造费用账户结构

该账户可按不同的生产车间、部门和费用设置明细账户，进行明细核算。

3. “库存商品”账户

“库存商品”账户属于资产类账户，用以核算企业库存的各种商品的实际成本或计划成本，包括库存产成品、外购商品、存放在门市部准备出手的商品、发出展览的商品以及寄存在外的商品等。

该账户借方登记验收入库的库存商品成本，贷方登记发出的库存商品成本。期末余额在借方，反映企业期末库存商品的实际成本或计划成本。账户结构如图 5－19 所示。

借方　　　库存商品	贷方
验收入库的库存商品成本	发出的库存商品成本
余额： 企业期末库存商品的实际成本或计划成本	

图 5－19　库存商品账户结构

该账户可按库存商品的种类、品种和规格等设置明细账户，进行明细核算。

4. “应付职工薪酬”账户

“应付职工薪酬”账户属于负债类账户，用以核算企业根据有关规定应付给职工的各种薪酬。

该账户借方登记本月实际支付的职工薪酬数额，贷方登记本月计算的应付职工薪酬总额，包括各种工资、奖金、津贴和福利费等。期末余额在贷方，反映企业应付未付的职工薪酬。账户结构如图 5－20 所示。

借方　　应付职工薪酬	贷方
本月实际支付的职工薪酬数额	本月计算的应付职工薪酬总额，包括各种工资、奖金、津贴和福利费等
	余额： 企业应付未付的职工薪酬

图 5－20　应付职工薪酬账户结构

该账户可按工资、职工福利、社会保险费、住房公积金、工会经费、职工教育经费、非货币性福利、辞退福利等设置明细账户，进行明细核算。

5. “累计折旧”账户

“累计折旧”账户属于资产类备抵账户，用以核算企业固定资产计提的累计折旧。

该账户贷方登记按月计提的折旧额，即累计折旧的增加额，借方登记因减少固定资产而转出的累计折旧。期末余额在贷方，反映期末固定资产的累计折旧额。账户结构如图 5－21 所示。

借方　　累计折旧	贷方
因减少固定资产而转出的累计折旧	计提的折旧额
	余额： 期末固定资产的累计折旧额

图 5－21　累计折旧账户结构

该账户可按固定资产的类别或项目设置明细账户，进行明细核算。

6. “管理费用”账户

“管理费用”账户属于损益类账户，用以核算企业为组织和管理企业生产经营所发生的管理费用，包括企业在筹建期间内发生的开办费、行政管理部门人员的职工薪酬、行政管理部门计提固定资产折旧、行政管理部门发生办公费、水电费、业务招待费等。

该账户借方登记发生的各项管理费用，贷方登记期末转入“本年利润”账户的管理费用。期末结转后，该账户无余额。账户结构如图 5－22 所示。

借方　　管理费用	贷方
发生的各项管理费用	期末转入“本年利润”账户的管理费用

期末无余额

图 5－22　管理费用账户结构

该账户可按费用项目设置明细账户，进行明细分类核算。

任务实施

任务实施　根据经济业务完成相关账务处理

郑州乐康有限公司发生下列与生产有关的经济业务：

（1）2021 年 5 月 20 日，仓库发出材料汇总如表 5－2 所示。

表 5－2　材料耗用汇总表

项目	太空玻璃	聚丙烯	合计
生产产品耗用	9 000	10 000	19 000
其中：PC 塑料水杯	9 000		9 000
PP 塑料水杯		10 000	10 000
车间一般耗用	2 000		2000
合计	11 000	10 000	21 000

步骤一：进行会计确认

这项经济业务的发生，引起资产要素中处于生产过程中的在产品增加，原材料减少的变化，应在“生产成本”“制造费用”账户登记增加金额、“原材料”账户中登记减少金额。

步骤二：进行会计计量

该项经济业务应按实际成本计量，“生产成本”账户借方应记金额为 19 000元，“制造费用”账户借方应记 2 000 元，“原材料”账户贷方应记金额为 21 000 元。

步骤三：根据材料耗用汇总表等原始凭证，编制会计分录

借：生产成本——PC 塑料水杯　　9 000
　　　　　　——PP 塑料水杯　　10 000
　　制造费用　　2 000
　　贷：原材料——太空玻璃　　11 000
　　　　　　　——聚丙烯　　10 000

（2）2021 年 5 月 25 日，郑州乐康有限公司月工资汇总如下：生产 PC 塑料水杯工人工资为 70 000 元，生产 PP 塑料水杯工人工资为 40 000 元，车间管理人员工资为 10 000 元，行政管理部门人员工资为 15 000 元，专设销售机构人员工资为 34 000 元。2021 年 6 月 5 日，用银行转账方式发放上月工资。

2021 年 5 月 25 日：

步骤一：进行会计确认

这项经济业务的发生，引起资产要素中处于生产过程中的在产品及费用要素中管理费用和销售费用、负债中应付职工薪酬同时发生增加的变化，应分别在“生产成本”“制造费用”“管理费用”“销售费用”等四个账户登记增加额。

步骤二：进行会计计量

该项经济业务应按实际成本计量，“生产成本”账户借方应记金额为110 000元，“制造费用”账户中借方应记10 000元，“管理费用”账户借方应记金额为15 000元，“销售费用”账户借方应记金额为34 000元，“应付职工薪酬”账户贷方应记金额为169 000元。

步骤三：根据工资费用分配表等原始凭证，编制会计分录

借：生产成本——PC塑料水杯　70 000

　　　　　　——PP塑料水杯　40 000

　　制造费用　10 000

　　管理费用　15 000

　　销售费用　34 000

　　贷：应付职工薪酬——工资　169 000

2021年6月5日：

步骤一：进行会计确认

这项经济业务的发生，引起负债要素中应付职工薪酬和资产要素中银行存款同时发生减少的变化，应在“应付职工薪酬”“银行存款”两个账户登记减少金额。

步骤二：进行会计计量

该项经济业务应按实际成本计量，金额为169 000元。

步骤三：根据支票存根、工资结算单等原始凭证，编制会计分录

借：应付职工薪酬——工资　169 000

　　贷：银行存款　169 000

（3）2021年5月26日，按照工资总额的14%计提职工福利费。

2021年5月26日：

步骤一：进行会计确认

这项经济业务的发生，引起资产要素中处于生产过程中的在产品及费用要素中管理费用和销售费用、负债要素中应付职工薪酬同时发生增加的变化，应分别在“生产成本”“制造费用”“管理费用”“销售费用”四个账户登记增加额。

步骤二：进行会计计量

该项经济业务应按实际成本计量，“生产成本”账户借方应记金额为15 400元（其中PC塑料水杯9 800元，PP塑料水杯5 600元），“制造费用”账户借方应记1 400元，“管理费用”账户借方应记金额为2 100元，“销售费用”账户借方应记金额为4 760元，“应付职工薪酬”账户贷方应记金额为23 660元。

步骤三：根据职工福利费计提分配表等原始凭证，编制会计分录

借：生产成本——PC塑料水杯　9 800（70 000×0.14）

　　　　　　——PP塑料水杯　5 600（40 000×0.14）

　　制造费用　1 400（10 000×0.14）

管理费用　　　　　　2 100（15 000 ×0. 14）

销售费用　　　　　　4 760（169 000 ×0. 14）

贷：应付职工薪酬——职工福利费

23 660（169 000 ×0. 14）

（4）郑州乐康有限公司为生产产品于2021年4月购入设备一台，该设备2021年5月应计提折旧1 000元。

步骤一：进行会计确认

这项经济业务的发生，引起资产要素中在产品发生增加变化，固定资产价值减少（折旧额增加）的变化，应在“制造费用”账户中登记增加金额，“累计折旧”账户中登记增加金额。

步骤二：进行会计计量

该项经济业务应按实际成本计量，金额为1 000元。

步骤三：根据固定资产折旧计算表等原始凭证，编制会计分录

借：制造费用　　　　　　1 000

　　贷：累计折旧　　　　　　1 000

（5）2021年5月31日郑州乐康有限公司生产车间本月发生水电费7 600元，均以银行存款支付。

步骤一：进行会计确认

这项经济业务的发生，引起资产要素中在产品和银行存款发生一增一减的变化，应在“制造费用”账户中登记增加金额，“银行存款”账户中登记减少金额。

步骤二：进行会计计量

该项经济业务应按实际成本计量，金额为7 600元。

步骤三：根据支票存根和水电费发票等原始凭证，编制会计分录

借：制造费用　　　　　　7 600

　　贷：银行存款　　　　　　7 600

（6）5月31日公司本月共发生的制造费用22 000元（见表5－3），按生产工人工资比例进行分配。

表5－3　　制造费用明细账

2021年		凭证号数	摘要	借方					贷方	借或贷	余额
月	日			材料费	工资	职工福利费	折旧费	水电费			
5	20	略	领用材料	2 000						借	2 000
5	25	略	分配工资		10 000					借	12 000
5	26	略	计提职工福利费			1 400				借	13 400
5	31	略	计提折旧费				1 000			借	14 400

续表

2021年		凭证号数	摘要	借方					贷方	借或贷	余额
月	日			材料费	工资	职工福利费	折旧费	水电费			
5	31	略	支付水电费					7 600		借	2 2000
5	31		分配转出						22 000	平	0
5	31		本月合计	2 000	10 000	1 400	1 000	7 600	22 000	平	0

步骤一：进行会计确认

制造费用的结转业务会引起资产要素中的在产品发生一增一减的变化，应“生产成本”账户中登记增加金额，“制造费用”账户中登记减少金额。

步骤二：进行会计计量

该项经济业务应按实际成本计量：

制造费用分配率 = 22 000 ÷ （70 000 + 40 000） = 0.2

PC 塑料水杯应负担的制造费用 = 70 000 × 0.2 = 14 000（元）

PP 塑料水杯应负担的制造费用 = 40 000 × 0.2 = 8 000（元）

步骤三：根据编制的制造费用分配表等原始凭证，编制会计分录

借：生产成本——PC 塑料水杯　　14 000

　　　　　　——PP 塑料水杯　　8 000

　贷：制造费用　　22 000

（7）5 月 31 日，本月生产的 4 000 个 PC 塑料水杯已全部完工验收入库，2 000 个 PP 塑料水杯全部未完工，计算和结转本月完工产品的成本（假设无月初在产品）。

步骤一：进行会计确认

这项经济业务的发生，引起了资产要素中的库存商品和在产品发生一增一减的变化，应在“库存商品”账户中登记增加金额，“生产成本”账户中登记减少金额。

步骤二：进行会计计量

该项经济业务应按实际成本计量。根据 PC 塑料水杯、PP 塑料水杯两种产品的完工情况和产品成本明细账（见表 5 - 4）中归集成本数据，PC 塑料水杯成本明细账中归集的全部生产费用都是完工产品成本，金额为 102 800 元，PP 塑料水杯成本明细账（见表 5 - 5）中归集的全部生产费用都是月末在产品的成本，没有完工产品的成本。

步骤三：根据编制的产品成本汇总表等原始凭证，编制会计分录

借：库存商品——PC 塑料水杯　　102 800

　贷：生产成本——PC 塑料水杯　　102 800

表 5－4　　生产成本明细账

产品名称：PC 塑料水杯

2021 年		凭证号数	摘要	借方				贷方	借或贷	余额
月	日			直接材料	直接人工	制造费用	合计			
5	20	略	领用材料	9 000			9 000		借	9 000
5	25	略	分配工资		70 000		70 000		借	79 000
5	26	略	计提职工福利费		9 800		9 800		借	88 800
5	31	略	分配制造费用			14000	14 000		借	102 800
5	31	略	结转完工产品成本					102800	平	0
5	31		本月生产费用合计	9 000	79 800	14000	102 800	102800	平	0

表 5－5　　生产成本明细账

产品名称：PP 塑料水杯

2021 年		凭证号数	摘要	借方				贷方	借或贷	余额
月	日			直接材料	直接人工	制造费用	合计			
5	20	略	领用材料	10 000			10 000		借	10 000
5	25	略	分配工资		40 000		40 000		借	50 000
5	26	略	计提职工福利费		5 600		5 600		借	55 600
5	31	略	分配制造费用			8 000	8 000		借	63 600
5	31		本月生产费用合计	10 000	45 600	8000	63 600		借	63 600

任务五　确认、计量销售业务

任务导入

郑州乐康有限公司从不同渠道筹集到各种资金，并使用筹措得到的资金购买生产经营所需的材料、物料以及机器设备后，正式投入到生产过程中，最终生产出产品验收入库等待销售。销售过程是企业生产经营活动的最后阶段，关系到企业日后的生存与发展。王晓是该公司的会计，面对销售过程中遇到的经济业务如何进行确认和计量呢？

知识准备

销售过程是企业出售产品并取得销售收入的过程，是企业生产经营活动的最后阶段，关系到企业日后的生存与发展。在销售过程中，企业要将产成品销售出去并收回货币，以补偿生产产品的资金耗费，保证再生产正常进行的资金需要。企业销售过程的主要经济业务包括确认销售收入的实现、与购货单位办理货款结算、计算销售税金以及结转和支付销售成本、销售费用等。

一、商品销售收入的确认

商品销售收入既是企业收入的重要组成部分，也是企业经营业绩的主要表现形式，对商品销售收入应如何确认和计量，直接关系到企业的经营成果和财务状况能否得到准确反映。

企业与客户之间订立的合同同时满足下列五项条件的，企业应当在履行了合同中的履约义务，即在客户取得相关商品控制权时确认收入：

（1）合同各方已批准该合同并承诺将履行各自义务；

（2）该合同明确了合同各方与所转让商品相关的权利和义务；

（3）该合同有明确的与所转让商品相关的支付条款；

（4）该合同具有商业实质，即履行该合同将改变企业未来现金流量的风险、时间分布或金额；

（5）企业因向客户转让商品而有权取得的对价很可能收回。

销售商品的核算

二、账户设置

企业通常设置以下账户对销售业务进行核算：

1.“主营业务收入”账户

“主营业务收入”账户属于损益类账户，用以核算企业在销售商品、提供劳务等日常活动中所产生的收入。

该账户贷方登记企业实现的主营业务收入，即主营业务收入的增加额，借方登记期末转入“本年利润”账户的主营业务收入（按净额结转），以及发生销售退回和销售折让时应冲减本期的主营业务收入。期末结转后，该账户无余额。账户结构如图5－23所示。

借方　　　　主营业务收入	贷方
期末转入“本年利润”账户的主营业务收入(按净额结转)，以及发生销售退回和销售折让时应冲减本期的主营业务收入	企业实现的主营业务收入
期末无余额	

图5－23　主营业务收入账户结构

该账户可按照主营业务的种类设置明细账户，进行明细分类核算。

2.“主营业务成本”账户

“主营业务成本”账户属于损益类账户，用以核算企业确认销售商品、提供劳务等主营业务收入时应结转的成本。

该账户借方登记主营业务发生的实际成本，贷方登记期末转入“本年利润”账户的主营业务成本。期末结转后，该账户无余额。账户结构如图5－24所示。

借方	主营业务成本　　　　贷方
主营业务发生的实际成本	期末转入“本年利润”账户的主营业务成本

期末无余额

图 5－24　主营业务成本账户结构

该账户可按主营业务的种类设置明细账户，进行明细分类核算。

3. “其他业务收入”账户

“其他业务收入”账户属于损益类账户，用以核算企业确认的除主营业务收入以外的其他经营活动实现的收入，包括出租固定资产、出租无形资产、出租包装物和销售材料等。

该账户贷方登记企业实现的其他业务收入，即其他业务收入的增加额，借方登记期末转入“本年利润”账户的其他业务收入。期末结转后，该账户无余额。账户结构如图 5－25 所示。

借方	其他业务收入　　　　贷方
期末转入“本年利润”账户的其他业务收入	企业实现的其他业务收入

期末无余额

图 5－25　其他业务收入账户结构

该账户可按照其他业务的种类设置明细账户，进行明细分类核算。

4. “其他业务成本”账户

“其他业务成本”账户属于损益类账户，用以核算企业确认的除主营业务活动以外的其他经营活动所发生的支出，包括销售材料的成本、出租固定资产的折旧额、出租无形资产的摊销额等。

该账户借方登记其他业务的支出额，贷方登记期末转入“本年利润”账户的其他业务支出额。期末结转后，该账户无余额。账户结构如图 5－26 所示。

借方	其他业务成本　　　　贷方
其他业务的支出额	期末转入“本年利润”账户的其他业务支出额

期末无余额

图 5－26　其他业务成本账户结构

该账户可按其他业务的种类设置明细账户，进行明细分类核算。

5. “合同取得成本”账户

“合同取得成本”账户属于资产类账户，用于核算企业取得合同发生的、预计能够收回的增量成本，例如销售佣金等。该资产摊销期限不超过一年的，可以在发生时计入当期损益。

该账户借方登记发生的合同取得成本，贷方登记摊销的合同取得成本，期末余额表示企业尚未结转的合同取得成本。账户结构如图 5－27 所示。

借方 合同取得成本	贷方
发生的合同取得成本	摊销的合同取得成本
余额： 企业尚未结转的合同取得成本	

图 5－27　合同取得成本账户结构

本账户可按合同进行明细核算，企业发生合同取得成本时，借记本科目，贷记“银行存款”“其他应付款”等科目；对合同取得成本进行摊销时，按照其相关性借记“销售费用”等科目，贷记本科目。

企业为取得合同发生的、除预期能够收回的增量成本之外的其他支出（例如无论是否取得合同均会发生的差旅费、投标费和为准备投标资料发生的相关费用等），应当在发生时计入当期损益，但是，明确由客户承担的除外。

6. “合同履约成本”账户

“合同履约成本”账户属于资产类账户，该账户核算企业为履行当前或预期取得的合同所发生的、不属于其他企业会计准则规范范围且按照收入准则应当确认为一项资产的成本。例如，按照完工进度结转的已发生的劳务成本。

该账户借方登记发生的合同履约成本，贷方登记摊销的合同履约成本，期末余额一般在借方，表示企业尚未结转的合同履约成本。账户结构如图 5－28 所示。

借方 合同履约成本	贷方
发生的合同履约成本	摊销的合同履约成本
余额： 企业尚未结转的合同履约成本	

图 5－28　合同履约成本账户结构

本账户可按合同分别“服务成本”“工程施工”等进行明细核算。企业发生合同履约成本时，借记合同履约成本，贷记“银行存款”“应付职工薪酬”“原材料”等科目；对合同履约成本进行摊销时，借记“主营业务成本”“其他业务成本”等科目，贷记“合同履约成本”科目。

7. “合同资产”账户

“合同资产”账户属于资产类账户，核算企业已向客户转让商品而有权收取对价的权利，且该权利取决于时间流逝之外的其他因素（如履行合同中的其他履约义务）。仅取决于时间流逝因素的权利不在本科目核算，应在“应收账款”科目核算。

该账户借方登记因已转让商品而有权收取的对价金额，贷方登记取得无条件收款权的金额，期末余额一般在借方，表示企业已向客户转让商品而有权收取的对价金额。账户结构如图 5－29 所示。

借方	合同资产　贷方
因已转让商品而有权收取的对价金额	取得无条件收款权的金额
余额： 企业已向客户转让商品而有权收取的对价金额	

图 5－29　合同资产账户结构

该账户按合同进行明细核算。企业在客户实际支付合同对价或在该对价到期应付之前，已经向客户转让了商品的，应当按因已转让商品而有权收取的对价金额，借记"合同资产"科目，贷记"主营业务收入""其他业务收入"等科目；企业取得无条件收款权时，借记"应收账款"等科目，贷记本科目。

8. "应收账款"账户

"应收账款"账户属于资产类账户，用以核算企业因销售商品、提供劳务等经营活动应收取的款项，属于仅取决于时间流逝因素的收款权。

该账户借方登记由于销售商品以及提供劳务等发生的应收账款，包括应收取的价款、税款和代垫款等，贷方登记已经收回的应收账款。期末余额在借方，反映企业尚未收回的应收账款；期末余额在贷方，反映企业预收的账款。账户结构如图 5－30 所示。

借方	应收账款　贷方
销售商品以及提供劳务等发生的应收账款，包括应收取的价款、税款和代垫款等	已经收回的应收账款
余额： 企业尚未收回的应收账款	余额： 企业预收的账款

图 5－30　应收账款账户结构

该账户应按不同的债务人设置明细账户，进行明细分类核算。

9. "合同负债"账户

"合同负债"账户属于负债类账户，核算企业已收或应收客户对价而应向客户转让商品的义务。例如，销售准则下，预先收款的业务。

该账户贷方登记企业在向客户转让商品之前，已经收到或已经取得无条件收取合同对价权利的金额，借方登记企业向客户转让商品时冲销的金额，期末余额一般在贷方，表示企业在向客户转让商品之前，已经收到的合同对价或已经取得的无条件收取合同对价权利的金额。账户结构如图 5－31 所示。

借方	合同负债　　贷方
企业向客户转让商品时冲销的金额	企业在向客户转让商品之前，已经收到或已经取得无条件收取合同对价权利的金额
余额： 企业已向客户转让商品而有权收取的对价金额	

图 5－31　合同负债账户结构

该账户按合同进行明细核算。企业在向客户转让商品之前，客户已经支付了合同对价时，借记“银行存款”科目，贷记“合同负债”科目；企业向客户转让相关商品时，借记“合同负债”科目，贷记“主营业务收入”“其他业务收入”等科目。

10. “应收票据”账户

“应收票据”账户属于资产类账户，用以核算企业因销售商品、提供劳务等而收到的商业汇票。

该账户借方登记企业收到的应收票据，贷方登记到期收回的应收票据；期末余额在借方，反映企业持有的商业汇票。账户结构如图 5－32 所示。

借方	应收票据　　贷方
企业收到的应收票据	到期收回的应收票据
余额： 企业持有的商业汇票	

图 5－32　应收票据账户结构

该账户可按开出、承兑商业汇票的单位设置明细账户，进行明细分类核算。

11. “税金及附加”账户

“税金及附加”账户属于损益类账户，用以核算企业经营活动发生的消费税、城市维护建设税、资源税、教育费附加及房产税、土地使用税、车船使用税、印花税等相关税费。该账户借方登记企业应按规定计算确定的与经营活动相关的税额，贷方登记期末转入“本年利润”账户的税费。期末结转后，该账户无余额。账户结构如图 5－33 所示。

小贴士：

一般纳税人企业缴纳的增值税是价外税，采购材料物资所支付的增值税进项税额和抵扣后实际缴纳的增值税，都不属于“税金及附加”账户核算的范围。

借方	税金及附加　　贷方
企业应按规定计算确定的与经营活动相关的税额	期末转入“本年利润”账户的税费
期末无余额	

图 5－33　税金及附加账户结构

12. “销售费用”账户

“销售费用”账户属于损益类账户，用以核算企业在销售商品和材料、提供劳务过程中发生的各项费用，包括保险费、包装费、展览费和广告费、商品维修费、预计产品质量保证损失、运输费、装卸费等以及为销售本企业商品而专设的销售机构（含销售网点、售后服务网点等）的职工薪酬、业务费、折旧费等经营费用。

该账户借方登记发生的各项销售费用，贷方登记期末转入“本年利润”账户的销售费用。期末结转后，该账户无余额。账户结构如图 5－34 所示。

借方　　销售费用	贷方
发生的各项销售费用	期末转入“本年利润”账户的销售费用
期末无余额	

图 5－34　销售费用账户结构

该账户可按费用项目设置明细账户，进行明细分类核算。

任务实施

> 小贴士：
>
> 销售费用、管理费用和财务费用为企业的三大期间费用，其并不构成产品的成本。期间费用是指企业日常活动中不能直接归属于某个特定成本核算对象的，在发生时应直接计入当期损益的各种费用。

任务实施　根据经济业务完成相关账务处理

（一）在某一时点履行履约义务确认收入

1. 无条件收款权

郑州乐康有限公司发生下列与销售有关的经济业务：

（1）公司于 2021 年 6 月 1 日向爱美公司销售一批 PC 塑料水杯，开出的增值税专用发票上注明售价为 20 000 元，增值税税额为 2 600 元，商品已经发出，款项已收到并已存入银行。

步骤一：进行会计确认

这项经济业务的发生，引起资产要素中银行存款、负债要素中的应交税费和收入要素中的主营业务收入同时发生增加变化，应在“银行存款”“主营业务收入”“应交税费——应交增值税（销项税额）”账户中登记增加金额。

步骤二：进行会计计量

该项经济业务应按实际成本计量，“银行存款”账户借方应记金额为 22 600元，“主营业务收入”账户贷方应记金额 20 000 元，“应交税费——应交增值税（销项税额）”账户贷方应记金额为 2 600 元。

步骤三：根据增值税专用发票和银行进账单等原始凭证，编制会计分录

借：银行存款　　22 600
　　贷：主营业务收入　　20 000
　　　　应交税费——应交增值税（销项税额）　　2 600

（2）公司于 2021 年 6 月 20 日向威海公司销售一批 PP 塑料水杯，开出的增值税专用发票上注明售价为 21 000 元，增值税税额为 2 730 元，商品已经发出，款项尚未收到。

步骤一：进行会计确认

这项经济业务的发生，引起资产要素中应收账款、负债要素中的应交税费和收入要素中的主营业务收入同时发生增加变化，应在“银行存款”“主营业务收入”“应交税费——应交增值税（销项税额）”账户中登记增加金额。

步骤二：进行会计计量

该项经济业务应按实际成本计量，“应收账款”账户借方应记金额为23 730元，“主营业务收入”账户贷方应记金额21 000元，“应交税费——应交增值税（销项税额）”账户贷方应记金额为2 730元。

步骤三：根据增值税专用发票等原始凭证，编制会计分录

借：应收账款——威海公司　　23 730

　贷：主营业务收入　　21 000

　　应交税费——应交增值税（销项税额）　　2 730

小贴士：

如果销售商品时收到了购买方开具、承兑的商业汇票，将上述分录中“应收账款”改为“应收票据”即可。

（3）2021年6月22日公司将一批生产用的聚丙烯销售给宏达公司，增值税专用发票列明价款10 000元，增值税额1 300元，共计11 300元，材料已经发出，同时收到款项。

步骤一：进行会计确认

这项经济业务的发生，引起资产要素中银行存款、负债要素中的应交税费和收入要素中的其他业务收入同时发生增加变化，应在“银行存款”“其他业务收入”“应交税费——应交增值税（销项税额）”账户中登记增加金额。

步骤二：进行会计计量

该项经济业务应按实际成本计量，“银行存款”账户借方应记金额为11 300元，“其他业务收入”账户贷方应记金额10 000元，“应交税费——应交增值税（销项税额）”账户贷方应记金额为1 300元。

步骤三：根据增值税专用发票、银行进账单等原始凭证，编制会计分录

借：银行存款　　11 300

　贷：其他业务收入　　10 000

　　应交税费——应交增值税（销项税额）　　1 300

（4）2021年6月25日，以银行存款支付产品广告费用15 000元。

步骤一：进行会计确认

这项经济业务的发生，引起资产要素中银行存款和费用要素中销售费用产生一增一减的变化，应在“销售费用”账户中登记增加额，“银行存款”账户中登记减少金额。

步骤二：进行会计计量

该项经济业务应按实际成本计量，金额为15 000元。

步骤三：根据银行付款凭证、发票等原始凭证，编制会计分录

借：销售费用——广告费　　15 000

　贷：银行存款　　15 000

（5）公司2021年6月30日计算本期应缴纳城市维护建设税700元，教育费附加为300元。

步骤一：进行会计确认

这项经济业务的发生，引起费用要素中的税金及附加和负债要素中的应交税费发生同时增加的变化，应在“税金及附加”“应交税费”两个账户中登记增加金额。

步骤二：进行会计计量

该项经济业务应按实际成本计量，金额为1 000元。

步骤三：根据纳税申报表等原始凭证，编制会计分录

借：税金及附加　　1 000

　贷：应交税费——城市维护建设税　　700

　　　　　　——教育费附加　　300

（6）2021年6月30日结转本月产品销售成本：销售PC塑料水杯成本为16 000元；销售PP塑料水杯成本为18 000元。

步骤一：进行会计确认

这项经济业务的发生，引起资产要素中库存商品和费用要素中主营业务成本产生一增一减的变化，应在“主营业务成本”账户登记增加金额，“库存商品”账户登记减少金额。

步骤二：进行会计计量

该项经济业务应按实际成本计量，PC塑料水杯成本为16 000元，PP塑料水杯成本为18 000元。

步骤三：根据销售成本计算表原始凭证，编制会计分录

借：主营业务成本——PC塑料水杯　　16 000

　　　　　　——PP塑料水杯　　18 000

　贷：库存商品——PC塑料水杯　　16 000

　　　　　——PP塑料水杯　　18 000

（7）2021年6月30日结转本月已销聚丙烯成本9 000元。

步骤一：进行会计确认

这项经济业务的发生，与结转产品销售成本业务类似，只是属于其他业务成本，应在“其他业务成本”账户登记增加金额，“原材料”账户登记减少金额。

步骤二：进行会计计量

该项经济业务应按实际成本计量，金额为9 000元。

步骤三：根据销售成本计算表原始凭证，编制会计分录

借：其他业务成本——材料销售　　9 000

　贷：原材料——聚丙烯　　9 000

2. 有条件收款权

2021年7月1日，郑州乐康有限公司与客户签合同销售A、B两项商品，

合同价款为 50 000 元。其中 A 商品 10 000 元、B 商品 40 000 元。合同约定，A 商品于合同开始日交付，B 商品在一个月之后交付，只有当两项商品全部交付之后，郑州乐康有限公司才有权收取 50 000 元的合同对价、其控制权在交付时转移给客户。上述价格均不包含增值税，增值税税率为 13%。

（1）销售 A 商品。

步骤一：进行会计确认

企业对 A 商品收款权的实现取决于 B 商品是否交付，即有条件的收款权。这项经济业务的发生，引起资产要素中合同资产、收入要素中的主营业务收入以及负债要素中的应交税费同时发生增加变化。

步骤二：进行会计计量

该项经济业务应按实际成本进行计量，"合同资产"账户借方应登记金额为 11 300 元，"主营业务收入"账户贷方应登记金额为 10 000 元，"应交税费——应交增值税（销项税额）"账户贷方应登记金额为 1 300 元。

步骤三：根据增值税专用发票等原始凭证，编制会计分录

借：合同资产　　11 300
　　贷：主营业务收入　　10 000
　　　　应交税费——应交增值税（销项税额）　　1 300

（2）销售 B 商品。

步骤一：进行会计确认

这项经济业务的发生，B 商品已交付，A 商品的收款权由有条件收款权转变为无条件收款权，而 B 商品收款权的实现仅取决于时间流逝因素，即无条件收款权。B 商品收款权的实现，引起资产要素中应收账款、收入要素中的主营业务收入以及负债要素中的应交税费同时发生增加变化，而资产要素中合同资产发生减少变化。

步骤二：进行会计计量

该项经济业务应按实际成本进行计量，"应收账款"账户借方应记金额为 45 200 元，"主营业务收入"账户贷方应记金额为 40 000 元，"应交税费——应交增值税（销项税额）"账户贷方应记金额为 5 200 元。"合同资产"账户贷记应记金额为 11 300 元。

步骤三：根据增值税专用发票等原始凭证，编制会计分录

借：应收账款　　56 500
　　贷：主营业务收入　　40 000
　　　　应交税费——应交增值税（销项税额）　　5 200
　　　　合同资产　　11 300

（二）在某一时段内履行履约义务确认收入

1. 先提供劳务后收款

郑州乐康有限公司为增值税一般纳税人，装修服务适用增值税税率为 9%，2021 年 12 月 1 日，郑州乐康有限公司与某公司签订一项为期 3 个月的

装修合同，合同约定装修价款为1 000 000元，增值税税额为90 000元，装修费用每月末按完工进度支付。2021年12月31日，经专业测量师测量，确定该项劳务的完工程度为25%；某公司按完工进度支付价款及相应的增值税款，截至2021年12月31日，甲公司为完成该合同累计发生劳务成本200 000元（假定均为装修人员薪酬），估计还将发生劳务成本600 000元。

（1）实际发生劳务成本100 000元。

步骤一：进行会计确认

这项经济业务的发生，引起资产要素中的合同履约成本、负债要素中的应付职工薪酬同时发生增加变动，应在“合同履约成本”和“应付职工薪酬”账户中登记增加金额。

步骤二：进行会计计量

该项经济业务应按实际成本进行计量，“合同履约成本”账户借方应登记金额为200 000元，“应付职工薪酬”账户贷方应登记金额为200 000元。

步骤三：根据职工薪酬汇总表等原始凭证，编制会计分录

借：合同履约成本　　200 000
　　贷：应付职工薪酬　　200 000

（2）2021年12月31日确认劳务收入，收取款项。

步骤一：进行会计确认

这项经济业务的发生，引起资产要素中的银行存款、收入要素中的主营业务收入以及负债要素中的应交税费同时发生增加变化，应在“银行存款”“主营业务收入”“应交税费——应交增值税（销项税额）”账户中登记增加金额。

步骤二：进行会计计量

该项经济业务应按实际成本进行计量，“银行存款”账户借方应记金额为272 500元，“主营业务收入”账户贷方应记金额为250 000元（1 000 000×25%－0），“应交税费——应交增值税（销项税额）”账户贷方应记金额为22 500元。

步骤三：根据增值税专用发票和银行对账单等原始凭证，编制会计分录

借：银行存款　　272 500
　　贷：主营业务收入　　250 000
　　　　应交税费——应交增值税（销项税额）　　22 500

（3）2021年12月31日结转劳务成本。

步骤一：进行会计确认

这项经济业务的发生，引起费用要素中的主营业务成本发生增加变化，资产要素中的合同履约成本发生减少变化，应在“主营业务成本”账户登记增加金额，“合同履约成本”账户登记减少金额。

步骤二：进行会计计量

该项经济业务应按实际成本进行计量，“主营业务成本”账户借方应记金

额为 200 000 元，“合同履约成本”账户贷方应记金额为 200 000 元。

步骤三：结转成本，编制会计分录

借：主营业务成本　　200 000

　　贷：合同履约成本　　200 000

接上例，2022 年 1 月 31 日，经专业测量师测量后，确定该项劳务的完工程度为 70%；某公司按完工进度支付价款同时支付对应的增值税款。2022 年 1 月，为完成该合同发生劳务成本 360 000 元（假定均为装修人员薪酬），为完成该合同估计还将发生劳务成本 240 000 元。

（1）实际发生劳务成本 360 000 元。

步骤一：进行会计确认

这项经济业务的发生，引起资产要素中的合同履约成本、负债要素中的应付职工薪酬同时发生增加变化，应在“合同履约成本”“应付职工薪酬”账户中登记增加金额。

步骤二：进行会计计量

该项经济业务应按实际成本计量，“合同履约成本”账户借方应记金额为 360 000 元，“应付职工薪酬”账户贷方应记金额为 360 000 元。

步骤三：根据职工薪酬汇总表等原始凭证，编制会计分录

借：合同履约成本　　360 000

　　贷：应付职工薪酬　　360 000

（2）2022 年 1 月 31 日确认劳务收入，收取款项。

步骤一：进行会计确认

这项经济业务的发生，引起资产要素中的银行存款、收入要素中的主营业务收入、负债要素中的应交税费同时发生增加变化，应在“银行存款”“主营业务收入”“应交税费——应交增值税（销项税额）”账户登记增加金额。

步骤二：进行会计计量

该项经济业务应按实际成本进行计量，“银行存款”账户借方应记金额为 490 500 元，“主营业务收入”账户贷方应记金额为 450 000 元（1 000 000 × 70% － 250 000），“应交税费——应交增值税（销项税额）”账户贷方应记金额为 40 500 元。

步骤三：根据增值税专用发票和银行对账单等原始凭证，编制会计分录

借：银行存款　　490 500

　　贷：主营业务收入　　450 000

　　　　应交税费——应交增值税（销项税额）　　40 500

（3）2022 年 1 月 31 日结转劳务成本。

步骤一：进行会计确认

这项经济业务的发生，引起费用要素中的主营业务成本发生增加变化，资产要素中的合同履约成本发生减少变化，应在“主营业务成本”账户中登记增加额，“合同履约成本”账户中登记减少额。

步骤二：进行会计计量

该项经济业务应按实际成本进行计量，“主营业务成本”账户借方应记金额为 360 000 元，“合同履约成本”账户贷方应记金额为 360 000 元。

步骤三：结转成本，编制会计分录

借：主营业务成本　　360 000

　　贷：合同履约成本　　360 000

接上例，2022 年 2 月 28 日，装修完工；某公司验收合格，按完工进度支付价款同时支付对应的增值税款。2022 年 2 月，为完成该合同发生劳务成本 240 000 元（假定均为装修人员薪酬）。

（1）实际发生劳务成本 240 000 元。

步骤一：进行会计确认

这项经济业务的发生，引起资产要素中的合同履约成本、负债中的应付职工薪酬同时发生增加变化，应在“合同履约成本”“应付职工薪酬”账户中登记增加金额。

步骤二：进行会计计量

该项经济业务应按实际成本进行计量，“合同履约成本”账户借方应记金额为 240 000 元，“应付职工薪酬”账户贷方应记金额为 240 000 元。

步骤三：根据职工薪酬汇总表等原始凭证，编制会计分录

借：合同履约成本　　240 000

　　贷：应付职工薪酬　　240 000

（2）2022 年 2 月 28 日确认劳务收入，收取款项。

步骤一：进行会计确认

这项经济业务的发生，引起资产要素中的银行存款、收入要素中的主营业务收入以及负债要素中的应交税费同时发生增加变化，应在“银行存款”“主营业务收入”“应交税费——应交增值税（销项税额）”账户中登记增加金额。

步骤二：进行会计计量

该项经济业务应按实际成本进行计量，“银行存款”账户借方应记金额为 327 000 元，“主营业务收入”账户贷方应记金额为 300 000 元（1 000 000 × 100% － 250 000 － 450 000），“应交税费——应交增值税（销项税额）”账户贷方应记金额为 27 000 元。

步骤三：根据增值税专用发票和银行对账单等原始凭证，编制会计分录

借：银行存款　　327 000

　　贷：主营业务收入　　300 000

　　　　应交税费——应交增值税（销项税额）　　27 000

（3）2022 年 2 月 28 日结转劳务成本。

步骤一：进行会计确认

这项经济业务的发生，引起费用要素中的主营业务成本和资产要素中的合同履约成本产生一增一减的变化，应在“主营业务成本”账户中登记增加

额，“合同履约成本”账户中登记减少额。

步骤二：进行会计计量

该项经济业务应按实际成本进行计量，“主营业务成本”账户借方应记金额为 240 000 元，“合同履约成本”账户贷方应记金额为 240 000 元。

步骤三：结转成本，编制会计分录

借：主营业务成本　　240 000

　　贷：合同履约成本　　240 000

2. 先收款再提供劳务

郑州乐康有限公司经营一家游泳俱乐部。2020 年 7 月 1 日，某客户与甲公司签订合同成为该公司的会员，并向该公司支付会员费 72 000 元（不含税价），可在未来的 12 月内在该俱乐部健身，且没有次数的限制，该业务适用的增值税税率为 6% ，增值税另行支付。

（1）2020 年 7 月 1 日，预收款项。

步骤一：进行会计确认

这项经济业务的发生引起资产要素中的银行存款、负债要素中的合同负债同时发生增加变化。

步骤二：进行会计计量

该项经济业务应按实际成本进行计量，“银行存款”账户借方应记金额为 72 000 元，“合同负债”账户贷方应记金额为 72 000 元。

步骤三：根据银行对账单等原始凭证，编制会计分录

借：银行存款　　72 000

　　贷：合同负债　　72 000

（2）2020 年 7 月 31 日，确认 7 月份收入，收到税款。

步骤一：进行会计确认

这项经济业务的发生，引起资产要素中的银行存款、收入要素中的主营业务收入以及负债要素中的应交税费同时发生增加变化。另外，要按期摊销起初确认的合同负债，因此付债要素中的合同负债发生减少变化。

步骤二：进行会计计量

该项经济业务应按实际成本进行计量，“银行存款”账户借方应记金额为 36 元，“主营业务收入”账户贷方应记金额为 600 元，“合同负债”账户借方应记金额为 600 元，“应交税费——应交增值税（销项税额）”账户贷方应记金额为 36 元。

步骤三：根据增值税专用发票等原始凭证，编制会计分录

借：合同负债　　600

　　银行存款　　36

　　贷：主营业务收入　　600

　　　　应交税费——应交增值税（销项税额）　　36

2020 年 8 月至 2021 年 6 月，每月确认收入并摊销合同负债，账务处理同上。

任务六　确认、计量利润形成及分配业务

任务导入

郑州乐康有限公司从不同渠道筹集到各种资金，并使用筹措得到的资金购买生产经营所需的材料、物料以及机器设备后，正式投入到生产过程中，最终生产出产品验收入库后实现销售取得销售收入。用收入减去费用后可以计算出生产经营一段时间的利润，利润包括哪些项目，如何对利润进行分配。王晓作为公司的会计，面对利润形成和分配过程中遇到的经济业务如何进行确认、计量呢？

知识准备

利润形成核算

一、利润形成核算

（一）利润的形成

利润是指企业在一定会计期间的经营成果，包括收入减去费用后的净额、直接计入当期损益的利得和损失等。利润由营业利润、利润总额和净利润三个层次构成。

1. 营业利润

营业利润这一指标能够比较恰当地反映企业管理者的经营业绩，其计算公式如下：

营业利润＝营业收入－营业成本－税金及附加－销售费用－管理费用－财务费用－资产减值损失－信用减值损失＋公允价值变动收益（－公允价值变动损失）＋投资收益（－投资损失）＋资产处置收益（－资产处置损失）

需要注意的是：

（1）营业收入＝主营业务收入＋其他业务收入

（2）营业外收入并不构成企业的收入。营业外收入是指企业发生的与其日常活动无直接关系的各项利得。主要包括非流动资产毁损报废收益、与企业日常活动无关的政府补助、盘盈利得、捐赠利得等。

（3）营业成本＝主营业务成本＋其他业务成本

（4）营业外支出并不构成企业的成本。营业外支出是指企业发生的与其日常活动无直接关系的各项损失。主要包括非流动资产毁损报废损失、捐赠支出、盘亏损失、非常损失、罚款支出等。

（5）销售费用、管理费用和财务费用并不构成产品成本，在发生时应直

接计入当期损益，均被称为期间费用。

其中：管理费用是指企业为组织和管理企业生产经营活动所发生的各种费用；销售费用是指企业销售商品和材料、提供劳务的过程中发生的各种费用；财务费用是指企业为筹集生产经营所需资金等而发生的筹资费用。

2. 利润总额

利润总额又称税前利润，是营业利润加上营业外收入减去营业外支出后的金额，其计算公式如下：

利润总额 = 营业利润 + 营业外收入 − 营业外支出

3. 净利润

净利润，又称税后利润，是利润总额扣除所得税费用后的净额，其计算公式如下：

净利润 = 利润总额 − 所得税费用 = 利润总额 ×（1 − 所得税税率）

注意：所得税费用 = 利润总额 × 所得税税率

（二）账户设置

企业通常设置以下账户对利润形成进行核算：

1. “本年利润”账户

“本年利润”账户属于所有者权益类账户，用以核算企业当期实现的净利润（或发生的净亏损）。

该账户贷方登记企业期（月）末转入的主营业务收入、其他业务收入、营业外收入和投资收益等，借方登记企业期（月）末转入的主营业务成本、其他业务成本、税金及附加、管理费用、财务费用、销售费用、营业外支出、投资损失和所得税费用等。期末余额在贷方反映企业实现的累计净利润；期末余额在借方反映企业累计发生的亏损。年末应将该账户的余额转入“利润分配—未分配利润”账户。年末结转后，该账户无余额。账户结构如图5－35所示。

小贴士：

在年度中间，企业的“本年利润”账户的余额可保留在账户中不予结转。期末余额如果在贷方，表示实现的累计净利润；如果在借方，表示累计发生的亏损，一般在年度终了企业才将“本年利润”账户累计余额转入“利润分配——未分配利润”账户，结转后“本年利润”账户应无余额。

借方　　本年利润	贷方
企业期(月)末转入的主营业务成本、其他业务成本、税金及附加、管理费用、财务费用、销售费用、营业外支出、投资损失和所得税费用等	企业期(月)末转入的主营业务收入、其他业务收入、营业外收入和投资收益等
余额： 企业累计发生的亏损	余额： 企业实现的累计净利润

图 5－35　本年利润账户结构

2. “营业外收入”账户

“营业外收入”账户属于损益类账户，用以核算企业发生的各项营业外收入，主要包括非流动资产毁损报废收益、与企业日常活动无关的政府补助、盘盈利得、捐赠利得等。

该账户贷方登记营业外收入的实现，即营业外收入的增加额；借方登记会计期末转入“本年利润”账户的营业外收入额。期末结转后，该账户无余额。账户结构如图 5－36 所示。

营业外收入

借方	贷方
会计期末转入“本年利润”账户的营业外收入额	营业外收入的增加额

期末无余额

图 5－36　营业外收入账户结构

该账户可按营业外收入项目设置明细账户，进行明细分类核算。

3. “营业外支出”账户

“营业外支出”账户属于损益类账户，用以核算企业发生的各项营业外支出，主要包括非流动资产毁损报废损失、捐赠支出、盘亏损失、非常损失、罚款支出等。公益性捐献支出、非常损失、盘亏损失等。

该账户借方登记营业外支出的发生，即营业外支出的增加额；贷方登记期末转入“本年利润”账户的营业外支出额。期末结转后，该账户无余额。账户结构如图 5－37 所示。

营业外支出

借方	贷方
营业外支出的发生	期末转入“本年利润”账户的营业外支出额

期末无余额

图 5－37　营业外支出账户结构

该账户可按支出项目设置明细账户，进行明细分类核算。

4. “所得税费用”账户

“所得税费用”账户属于损益类账户，用以核算企业确认的应当从当期利润总额中扣除的所得税费用。

该账户借方登记企业应计入当期损益的所得税；贷方登记企业期末转入“本年利润”账户的所得税。期末结转后，该账户无余额。账户结构如图 5－38 所示。

所得税费用

借方	贷方
企业应计入当期损益的所得税	企业期末转入“本年利润”账户的所得税

期末无余额

图 5－38　所得税费用账户结构

二、利润分配核算

利润分配核算

利润分配是指企业根据法律、董事会或类似权力机构提请股东大会或者类似权力机构批准的，对企业可供分配利润指定其特定用途和分配给投资者的行为。股份公司实现的净利润应按公司法、公司章程以及股东大会决议的要求进行分配。利润分配的过程和结果不仅关系到每个股东的合法权益是否得到保障，而且还关系到企业的未来发展。

（一）利润分配的顺序

企业向投资者分配利润，应按一定的顺序进行。按照我国《公司法》的有关规定，利润分配应按下列顺序进行：

1. 计算可供分配的利润

企业在利润分配前，应根据本年净利润（或亏损）与年初未分配利润（或亏损）、其他转入的金额（如盈余公积弥补的亏损）等项目，计算可供分配的利润，即：

可供分配的利润＝净利润（或亏损）＋年初未分配利润－弥补以前年度的亏损＋其他转入的金额

如果可供分配的利润为负数（即累计亏损），则不能进行后续分配；如果可供分配利润为正数（即累计盈利），则可进行后续分配。

2. 提取法定盈余公积

按照《公司法》的有关规定，企业应当按照当年净利润（减弥补以前年度亏损）的10%提取法定盈余公积。

小贴士：

提取的法定盈余公积金累计额超过注册资本50%以上的，可以不再提取。

3. 提取任意盈余公积

企业提取法定盈余公积后，经股东大会决议，还可以从当年净利润中提取任意盈余公积。

4. 向投资者分配利润（或股利）

企业可供分配的利润扣除提取的盈余公积后，形成可供投资者分配的利润，即：

可供投资者分配的利润＝可供分配的利润－提取的盈余公积

企业可以采用现金股利、财产股利以及股票股利等形式向投资者分配利润（或股利）。

（二）账户设置

企业通常设置以下账户对利润分配进行核算：

1. “利润分配”账户

“利润分配”账户属于所有者权益类账户，用以核算企业利润的分配（或亏损的弥补）和历年分配（或弥补）后的余额。

该账户借方登记实际分配的利润额，包括提取的盈余公积金和分配给投资者的利润，以及年末从“本年利润”账户转入的全年发生的净亏损；贷方登记用盈余公积金弥补的亏损额等其他转入数，以及年末从“本年利润”账户转入的全年实现的净利润。年末，应将“利润分配”账户下的其他明细账户的余额转入“未分配利润”明细账户，结转后，除“未分配利润”明细账户可能有余额外，其他各个明细账户均无余额。“未分配利润”明细账户的贷方余额为历年累积的未分配利润，借方余额为历年累积的未弥补亏损。账户结构如图5－39所示。

该账户应当分别按“提取法定盈余公积”“提取任意盈余公积”“应付现金股利”“盈余公积补亏”和“未分配利润”等设置明细账，进行明细账核算。

2. “盈余公积”账户

“盈余公积”账户属于所有者权益类账户，用以核算企业从净利润中提取的盈余公积。

借方　利润分配	贷方
(1) 实际分配的利润额，包括提取的盈余公积金和分配给投资者的利润； (2) 年末从"本年利润"账户转入的全年发生的净亏损	(1) 用盈余公积金弥补的亏损额等其他转入数； (2) 年末从"本年利润"账户转入的全年实现的净利润
余额： 历年累积的未弥补亏损	余额： 历年累积的未分配利润

图 5－39　利润分配账户结构

该账户贷方登记提取的盈余公积金，即盈余公积金的增加额，借方登记实际使用的盈余公积金，即盈余公积金的减少额。期末余额在贷方，反映企业结余的盈余公积。账户结构如图 5－40 所示。

借方　盈余公积	贷方
实际使用的盈余公积金	提取的盈余公积金
	余额： 结余的盈余公积

图 5－40　盈余公积账户结构

该账户应当分别按"法定盈余公积""任意盈余公积"设置明细账，进行明细账核算。

3. "应付股利"账户

"应付股利"账户属于负债类账户，用以核算企业分配的现金股利或利润。

该账户贷方登记应付给投资者股利或利润的增加额，借方登记实际支付给投资者的股利或利润。期末余额在贷方，反映企业应付未支付的现金股利或利润。账户结构如图 5－41 所示。

借方　应付股利	贷方
实际支付给投资者的股利或利润	应付给投资者股利或利润的增加额
	余额： 应付给投资者股利或利润的增加额

图 5－41　应付股利账户结构

该账户可按投资者设置明细账，进行明细账核算。

任务实施

任务实施　根据经济业务完成相关账务处理

郑州乐康有限公司采取每月进行净利润的汇总核算，年末一次进行利润分配的办法，以本年度利润作为向投资者分配利润的计算基数，比例为20%。2021年12月31日该公司进行净利润以及分配的会计核算如下：

（1）2021年12月31日，公司结转本月实现的各项收入和成本费用到“本年利润”账户。本月实现的主营业务收入为100 000元，主营业务成本为47 494元，税金及附加10 600元，其他业务收入2 800元，其他业务成本2 000元，管理费用11 314元，财务费用300元，销售费用1 000元，营业外收入130元，营业外支出10 000元，投资收益6 000元（贷方）。

步骤一：结转本月发生的收入和利得。根据相关账户记录，编制会计分录

借：主营业务收入	100 000	
其他业务收入	2 800	
营业外收入	130	
投资收益	6 000	
贷：本年利润		108 930

步骤二：结转本月发生的费用和损失。根据相关账户记录，编制会计分录

借：本年利润	82 708	
贷：主营业务成本		47 494
税金及附加		10 600
其他业务成本		2 000
管理费用		11 314
财务费用		300
销售费用		1 000
营业外支出		10 000

公司本月的利润总额＝108 930－82 708＝26 222（元）

（2）假定公司不存在纳税调整事项，本期的应纳税所得额就是本期的利润总额，按25%计提本期应交所得税。

步骤一：进行会计确认

这项经济业务的发生，引起了费用要素中的所得税费用和负债中的应交税费同时发生增加的变化，应在“所得税费用”和“应交税费”两个账户中登记增加金额。

步骤二：进行会计计量

该项经济业务应按实际成本计量，本期应交所得税＝应纳税所得额×所得税税率＝26 222×25%＝6 555.5（元），本期的所得税费用是6 555.5元。

步骤三：根据纳税申报表原始凭证，编制会计分录

借：所得税费用	6 555.5	
贷：应交税费——应交所得税		6 555.5

（3）缴纳本月计算的企业所得税。

步骤一：进行会计确认

这项经济业务的发生，引起了资产要素中的银行存款和负债中的应交税费——应交所得税同时发生增加减少的变化，应在“银行存款”和“应交税费——应交所得税”两个账户中登记减少金额。

步骤二：进行会计计量

该项经济业务应按实际成本计量，金额为 6 555.5 元。

步骤三：根据银行付款凭证等原始凭证，编制会计分录

借：应交税费——应交所得税　　6 555.5

　　贷：银行存款　　6 555.5

（4）月末结转企业的所得税费用。

步骤一：进行会计确认

这项经济业务的发生，引起了所有者权益要素中的本年利润和费用要素中的所得税费用同时发生增加减少的变化，应在“本年利润”和“所得税费用”两个账户中登记减少金额。

步骤二：进行会计计量

该项经济业务应按实际成本计量，金额为 6 555.5 元。

步骤三：根据相关账户记录，编制会计分录

借：本年利润　　6 555.5

　　贷：所得税费用　　6 555.5

公司本月的净利润 = 26 222 − 6 555.5 = 19 666.5（元）

（5）该公司 1－11 月份实现的净利润为 480 333.5 元，2021 年 12 月 31 日，将本年实现的净利润转入利润分配账户。

步骤一：进行会计确认

这项经济业务的发生，引起了所有者权益要素中的本年利润和利润分配发生一增一减的变化，应在“本年利润”账户登记减少金额，“利润分配”账户登记增加的金额。

步骤二：进行会计计量

2021 年 12 月 31 日，“本年利润”账户的当前贷方余额为 500 000 元（480 333.5 + 19 666. 5），就是本年度实现的净利润。其中，1－11 月份实现净利润为 480 333.5 元，本月实现净利润为 19 666.5 元。

步骤三：根据“本年利润”账户的当前贷方余额，编制会计分录

借：本年利润　　500 000

　　贷：利润分配——未分配利润　　500 000

（6）对全年的净利润进行分配：经公司董事会决定按全年净利润 500 000 元的 10% 提取法定盈余公积金。

步骤一：计算分配数

全年应提取法定盈余公积 = 500 000 × 10% = 50 000（元）

步骤二：根据计算结果，编制会计分录

借：利润分配——提取法定盈余公积　　50 000
　　贷：盈余公积——法定盈余公积　　50 000

(7) 对全年的净利润进行分配：经公司董事会同时决定按全年净利润 500 000 元的 5% 提取任意盈余公积金。

步骤一：计算分配数

全年应提取任意盈余公积 = 500 000 × 5% = 25 000（元）

步骤二：根据计算结果，编制会计分录

借：利润分配——提取任意盈余公积　　25 000
　　贷：盈余公积——任意盈余公积　　25 000

(8) 对全年的净利润进行分配：经公司董事会同时决定按全年净利润 500 000 元的 20% 向投资者分配利润。

步骤一：计算分配数

全年应向投资者分配利润 = 500 000 × 20% = 100 000（元）

步骤二：根据计算结果，编制会计分录

借：利润分配——应付现金股利　　100 000
　　贷：应付股利　　100 000

(9) 利润分配结束后，应将“利润分配”账户其他明细账户的余额结清，转入“利润分配——未分配利润”明细账户。

步骤一：进行会计确认

这项经济业务的发生，引起了所有者权益要素中的利润分配内部发生一增一减的变化，应在“利润分配”明细账户之间登记增减变化金额。

步骤二：根据“利润分配”账户下核算本年度利润分配数的明细账户的当前借方余额，编制会计分录

借：利润分配——未分配利润　　175 000
　　贷：利润分配——提取法定盈余公积　　50 000
　　　　　　　　——提取任意盈余公积　　25 000
　　　　　　　　——应付现金股利　　100 000

小贴士：

上述转销分录入账以后，“本年利润”账户和“利润分配”账户下核算本年度利润分配数的明细账户均已无余额，企业本年度实现的利润和对本年度利润的分配数在“利润分配——未分配利润”明细账户中进行了抵销，企业截至本年末的累计未分配利润表现为“利润分配——未分配利润”明细账户中贷方余额。

项目总结

本项目共有六个任务，详细介绍了借贷记账法在工业企业的应用。

任务一企业主要经济业务的概述，通过对工业企业主要经济业务的介绍明确了会计的核算对象。

任务二确认、计量资金筹集业务，主要介绍了工业企业资金来源的两种渠道，一是所有权益筹资方式，二是负债筹资方式。分别讲述了每种方式下筹资的特点，以及会计核算主要使用的账户，重点讲解了工业企业筹资过程的账务处理。

任务三确认、计量采购业务，采购过程是企业为生产经营做准备的过程，

主要介绍了购入生产经营所需各种材料和购置机器设备等固定资产的过程，分别讲述了每种方式下核算的特点以及使用的主要账户，并针对每种情况学习了具体的账务处理。

任务四确认、计量生产业务，生产过程是工业企业经营活动的主要过程，是从投入原材料等生产要素，经过工人生产加工，到产品验收入库的全过程。重点介绍了在此过程中使用的主要账户，以及针对生产过程中的经济业务如何进行账务处理。

任务五确认、计量销售业务，销售过程是企业出售产品并取得销售收入的过程，是企业生产经营活动的最后阶段。重点介绍了在此过程中使用的主要账户，以及针对销售过程中的经济业务如何进行账务处理。

任务六确认、计量利润形成及分配业务，利润是指企业在一定会计期间的经营成果。由营业利润、利润总额和净利润三个部分构成。利润分配是指企业根据法律、董事会或类似权力机构提请股东大会或者类似权力机构批准的，对企业可供分配利润指定其特定用途和分配给投资者的行为。本任务重点介绍了在利润的形成和分配的过程中使用的主要账户，以及相关的会计处理。

项目六

填制、审核会计凭证

项目导航

知识目标	能力目标
• 理解会计凭证的含义和作用 • 熟悉会计凭证的概念、分类 • 熟悉原始凭证和记账凭证的基本内容和填制方法 • 了解会计凭证的传递和保管	• 能够按照要求填制和审核原始凭证 • 能够按照要求填制和审核记账凭证 • 能够按照要求传递和保管会计凭证

课程思政

诚信为本、操守为重、坚持准则、不做假账。

——朱镕基

会计核算应当以实际发生的经济业务及证明经济业务发生的合法凭证为依据，如实反映财务状况和经营成果。这是会计信息质量要求客观性的要求，而正确完整的会计凭证是保证会计信息客观性的基础。我们会计人员在工作中要认真对待会计凭证，保证会计信息真实可靠，在生活中更要维护自己的信用，真心实意对待工作、家人和朋友，诚实守信，一诺千金，使自己生在安全愉悦、相互信赖的人际关系中，度过幸福的人生。

任务一　会计凭证概述

任务导入

郑州乐康有限公司是一家以专业生产、经营玻璃杯、塑料杯和保温杯为主的连锁企业。2021 年 1 月 1 日该公司成立时是由李明和张辉共同投资设立，公司每天发生纷繁复杂的经济业务，王晓是该公司的会计，如何进行确认、计量和报告呢？企业在生产经营活动中所发生的经济业务都要记录在原始凭证上，这些记录企业经济业务发生和完成情况的原始凭证都要按照一定的程序传递给会计部门，会计人员审核无误后，据以填制记账凭证。什么是会计凭证？会计凭证和原始凭证以及记账凭证之间有什么关系是本任务解决的问题。

知识准备

一、会计凭证的概念

会计凭证是记录经济业务、明确经济责任的书面证明，也是登记账簿的依据。会计处理要提供真实的会计资料，记录的经济业务要有根据。因此，企业每发生一笔经济业务，都必须由执行或完成该项经济业务的有关人员取得或填制会计凭证，并在凭证上签名或盖章，以对凭证上所记载的内容负责。例如，购买材料时，销货方开具的增值税专用发票，支付款项时由收款方开出的收据，接收商品、材料入库时开具的收货单等原始凭证，以及会计人员运用专门的方法将上述单据归类、整理后填制的记账凭证都是会计凭证。

小贴士：

对于所有的会计凭证都必须认真填制，并经过有关人员的严格审核。只有经审核无误的会计凭证才能作为经济业务发生或完成的证明，并进一步作为编制记账凭证或登记账簿的依据。

二、会计凭证的作用

会计人员可以根据会计凭证，对日常大量分散的各种经济业务进行整理、分类、汇总，并经过会计处理为经济管理提供有用的会计信息。

填制和审核会计凭证是会计核算的方法之一，是进行会计核算工作的起点和基础，也是对经济业务进行日常监督的重要环节。其作用主要体现在以下几个方面。

1. 记录经济业务，提供记账依据——记录、整理、汇总

对于企业发生的每一项经济业务，都要由经办人员按照规定的程序和要求，及时填制或取得会计凭证，如实写明经济业务的内容、发生或完成的时间，确定应记入的账户名称、方向和金额，使各种经济业务的发生或完成情况通过会计凭证的记录真实地反映出来，并能够据以记账。

2. 明确经济责任，强化内部控制——签章

通过会计凭证的填制和审核，一方面，可以明确各职能部门、经办人员的经济责任，有利于单位落实经济责任制。另一方面，可以促使相关人员严格遵守有关法律法规和制度，在其职权范围内各负其责、相互监督。通过会计凭证的审核，还可以及时发现经营管理中的薄弱环节，总结经验教训，以便采取措施，改进工作。

3. 监督经济活动，控制经济运行——审核

通过会计凭证的审核，可以检查经济业务的发生是否符合有关的法律、制度，是否符合业务经营、财务收支的方针和计划以及预算的规定，以确保经济业务的合理性、合法性和有效性，监督经济业务的发生、发展，控制经济业务的有效实施。若出现问题，就能及时发现，从而积极采取措施予以纠正，对经济活动进行事前、事中、事后控制，保证经济活动健康运行，有效发挥会计的监督作用。

三、会计凭证的种类

会计凭证的形式多种多样，按其填制的程序和用途不同来划分，可以分为原始凭证和记账凭证两类。

原始凭证是在经济业务发生的时候取得或者填制的一些原始书面证明，而记账凭证则是在原始凭证的基础上整理编制的会计分录凭证。两者的用途也不相同，原始凭证是会计核算的原始资料和主要依据，而记账凭证则是账簿登记的直接依据。会计凭证的含义以及原始凭证与记账凭证的关系和作用可以结合图 6－1 加以理解。

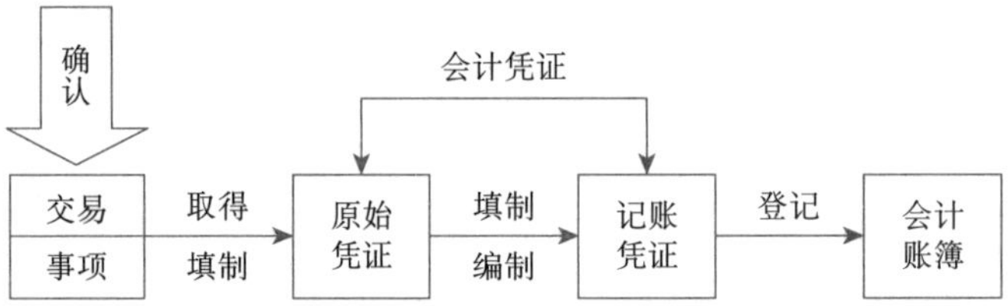

图 6－1

任务实施

任务实施　判断下列单据是否为会计凭证

步骤一：理解会计凭证的含义和分类

步骤二：判断单据是否属于会计凭证

步骤三：说明判断理由

郑州乐康有限公司 2021 年 6 月发生了一系列经济业务，涉及下列单据判断是否属于会计凭证（见表 6－1）。

表 6-1

单据名称	是否属于会计凭证	原因
收料单	属于	企业接收材料时，由执行或完成收料经济业务的有关人员取得或填制的、证明经济业务发生和完成的会计凭证
销售商品增值税发票	属于	企业销售商品时，由执行或完成销售商品经济业务的有关人员填制的、证明经济业务发生和完成的会计凭证
领料单	属于	企业领用材料时，由执行或完成领料经济业务的有关人员填制的、证明经济业务发生和完成的会计凭证
购料申请单	不属于	只是购料申请单，不能证明购料经济业务发生或完成情况的单证不属于会计凭证

任务二　填制、审核原始凭证

任务导入

郑州乐康有限公司是一家以专业生产、经营玻璃杯、塑料杯和保温杯为主的连锁企业。公司每天发生纷繁复杂的经济业务，相应的经办单位和人员要取得或者填制证明经济业务发生和完成的原始凭证。什么是原始凭证、哪些单据属于原始凭证、原始凭证如何填制、审核？通过本任务的学习将会获知答案。

知识准备

原始凭证是指经办单位或人员在经济业务发生或完成时取得或填制，用于记录经济业务的发生或完成情况，明确经济责任并作为原始依据的书面证明文件。原始凭证是会计核算的原始资料和重要依据，也是编制记账凭证的直接依据。与记账凭证相比，原始凭证具有更强的法律效力。

原始凭证必须能够表明经济业务已经发生或其完成情况，凡是不能证明经济业务发生或完成情况的各种单证，如购货申请单、计划、银行对账单、银行存款余额调节表、职工人名册等，不能作为原始凭证。

一、原始凭证的分类

原始凭证可以按照取得来源、格式、填制的手续和内容进行分类，如图 6-2 所示。

（一）按来源分类

原始凭证依据来源不同可以分为外来原始凭证和自制原始凭证。

1. 外来原始凭证

外来原始凭证是在经济业务完成时，从发生经济业务往来的单位或个人直接取得的原始凭证。如企业采购材料时取得的发票，出差人员报销时提供的车票、住宿票，企业办理转账时取得的银行转账支票等。示例如图 6-3 所示。

- 原始凭证
  - 按照来源不同(会计主体)
    - 外来原始凭证
    - 自制原始凭证
  - 按照填制手续及内容不同
    - 一次凭证
    - 累计凭证
    - 汇总凭证
  - 按照格式不同
    - 通用凭证
    - 专用凭证

图 6－2　原始凭证分类

增值税专用发票　№ 031001700111

此联不得作为扣税凭证使用　开票日期：2021 年 07 月 20 日

购买方	名　　称：郑州乐康有限公司 纳税人识别号：911101120911117299 地 址、电 话：河南省郑州市金水区 开户行及账号：中国工商银行郑州支行	密码区	1*6<+81+574+9*2+/>0-39063/* -*0/968*624582>91*3/*1<6*42 2477</42**0+7-2</24-630-391 611+>/51433*124*5-+44><9/94

货物或应税劳务、服务名称	规格型号	单位	数量	单价	金额	税率	税额
太空玻璃		kg	400	30.00	12000.00	13%	1560.00
合　计							
价税合计（大写）	⊗ 壹万叁仟伍佰陆拾元整				（小写）¥13560.00		

销售方	名　　称：上海宝尊电子商务有限公司 纳税人识别号：91310000756122868P 地 址、电 话：上海市万荣路1188弄123号108室 60956000 开户行及账号：平安银行南京西路支行	备注	

收款人：　复核：　开票人：　销售方：（章）

税总函〔2016〕117号海南华森实业公司

第一联：记账联 销售方记账凭证

图 6－3　外来原始凭证

2. 自制原始凭证

自制原始凭证，简称自制凭证，是指交易或事项发生或完成时由本企业的经办人员或会计人员自行填制的原始凭证。自制原始凭也是比较常见的，例如，收料单、领料单、入库单、工资发放明细表、出库单等。示例如图 6－4所示。

入　库　单　№ 77668854321

交货单位：生产一部　2021 年 09 月 16 日

品名	单位	规格	数量	单价	金额 千	百	十	万	千	百	十	元	角	分
PC塑料杯	个		2000	43.00				8	6	0	0	0	0	0
合计大写	仟 佰 拾捌万陆仟零佰零拾零元零角零分				¥86000.00									

第一联 存根联

记账　保管　制票

图 6－4　自制原始凭证

（二）按填制手续及内容分类

按填制手续及内容分类，原始凭证可分为一次凭证、累计凭证和汇总原始凭证。

1. 一次凭证

一次凭证是指反映一项经济业务或者同时反映若干项同类性质的经济业务，但这些经济业务是一次完成，其填制手续也是一次完成，且一经填列仅一次有效，不能再重复使用的原始凭证。例如由仓库保管员填制的收料单、车间从仓库领用材料时填制的领料单、出差报销人员填制的报销凭单等都是一次凭证。示例如图 6－5 所示。

差旅费报销单

部门：销售部门　　日期：2021年06月07日　　编号 3345687

出差人		张三					出差事由		考察市场								
出发			到达				交通			出差补助		其他费用金额					
月	日	地点	月	日	地点	人数	工具	金额	天数	补助标准	金额	住宿费用	市内交通				
06	02	郑州	06	02	哈尔滨	1	火车	793.5	3	200	600	450	200				
06	05	哈尔滨	06	05	郑州	1	火车	793.5									
合计								1587	—	——	600	450	200				
报销总额	人民币（大写）贰仟捌佰叁拾柒元整						¥2837.00			预借金额：¥2000.00 退/补金额：¥837.00　支付方式：现金							

财务主管 李四　　部门主管 王五　　会计 赵六　　出纳 孙钱　　领款人 张三

图 6－5　一次凭证

2. 累计凭证

累计凭证是指在一定期间内，连续多次记载若干不断重复发生的同类交易或事项，需要分次完成填制手续，可以多次使用的原始凭证。例如，工业企业常用的限额领料单。累计凭证的特点是在一张凭证上连续登记相同的交易或事项，可以随时结出余额和累计数，以便与定额、预算、计划数进行比较，控制费用支出，减少原始凭证的数量，简化会计核算手续。示例如图 6－6 所示。

限额领料单

领料单位：生产车间　　2021年7月　　发货仓库：一号仓库

用途：生产 PC 塑料杯　　凭证编号：

材料类别	材料编号	材料名称	计量单位	领用限额	实际领用	单价	金额	备注
塑料	01	太空玻璃	KG	500	480	30.00	14 400.00	
日期	请领		实发			限额结余	退库	
	数量	签章	数量	发料人	领用人		数量	退库单
7.2	150		150			350		
7.15	200		200			150		
7.28	130		130			20		
合计	480		480			20		

供应部门负责人：　　生产部门负责人：李一　　仓库保管员：叶华

图 6－6　累计凭证

3. 汇总原始凭证

汇总原始凭证也称原始凭证汇总表，是指在会计核算工作中，为简化记账凭证的编制工作，将一定时期内，若干份记录同类性质交易或事项的原始凭证按照一定的标准汇总在一张凭证上，以集中反映某些交易或事项发生情况的原始凭证，如发料凭证汇总表、收料凭证汇总表、现金收入汇总表等。特别注意，汇总原始凭证所汇总的内容，只能是同类性质交易或事项，即：将反映同类性质经济业务的各原始凭证汇总编制一张汇总原始凭证，不能汇总两类或两类以上性质的经济业务。示例如图 6－7 所示。

郑州乐康有限公司发料凭证汇总表　　　　2021 年 6 月 30 日

项目	甲材料		乙材料		丙材料		金额
	数量（千克）	金额（元）	数量（千克）	金额（元）	数量（千克）	金额（元）	合计
生产 A 产品耗用	1 000	6 000	600	1 200	2 000	16 000	23 200
生产 B 产品耗用	1 000	6 000	300	600	1 000	8 000	14 600
小计	2 000	12 000	900	1 800	3 000	24 000	3 800
车间一般耗用	500	3 000			100	800	3 800
行政管理部门耗用			100	200			200
合计	2 500	15 000	1 000	2 100	3 100	24 800	41 800

复核（签章）：　　　　制表（签章）：　　　　会计主管：

图 6－7　汇总原始凭证

汇总原始凭证在大中型企业中使用得非常广泛。因为它可以简化核算手续，提高核算工作效率，能够使核算资料更为系统化，核算过程更为条理化，进而直接为管理提供某些综合指标。

（三）按照格式分类

依据格式不同，原始凭证可以分为通用凭证和专用凭证。

1. 通用凭证

通用凭证是指由有关部门统一印制、在一定范围内使用的具有统一格式和使用方法的原始凭证。例如，发票、银行转账结算凭证。示例如图 6－8 所示。

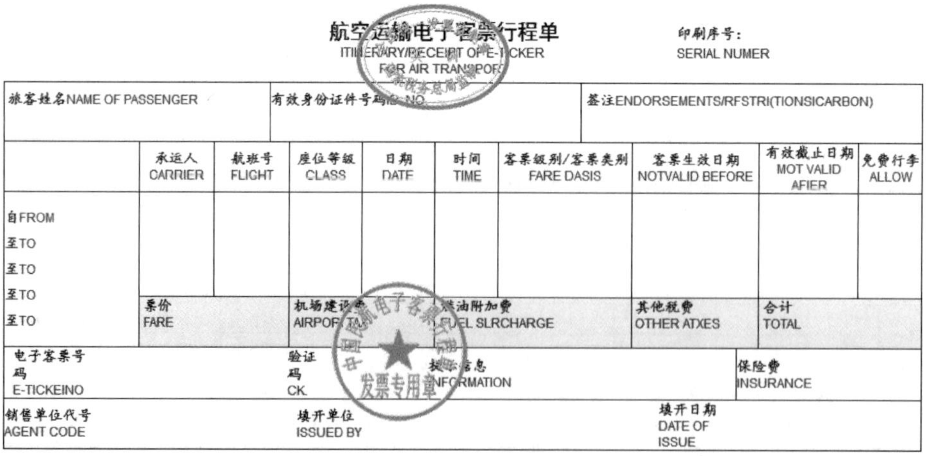

航空运输电子客票行程单
ITINERARY/RECEIPT OF E-TICKER
FOR AIR TRANSPORT

印刷序号：
SERIAL NUMER

旅客姓名 NAME OF PASSENGER	有效身份证件号码 ID. NO			签注 ENDORSEMENTS/RFSTRI(TIONSICARBON)				
	承运人 CARRIER	航班号 FLIGHT	座位等级 CLASS	日期 DATE	时间 TIME	客票级别/客票类别 FARE DASIS	客票生效日期 NOTVALID BEFORE	有效截止日期 MOT VALID AFIER	免费行李 ALLOW
自 FROM 至 TO 至 TO 至 TO 至 TO	票价 FARE		机场建设费 AIRPORT TAX	燃油附加费 FUEL SLRCHARGE		其他税费 OTHER ATXES	合计 TOTAL		
电子客票号码 E-TICKEINO	验证码 CK.	提示信息 INFORMATION			保险费 INSURANCE			
销售单位代号 AGENT CODE	填开单位 ISSUED BY				填开日期 DATE OF ISSUE			

图 6－8　通用凭证

2. 专用凭证

专用凭证是指由本单位自行印制、仅在本单位内部使用的原始凭证。如领料单、差旅费报销单、折旧计算表、工资费用分配表等。示例如图6－9所示。

领料单

领料部门：生产车间　　凭证编号0122

用途：生产PC塑料杯　　2021年9月10日　　收料仓库：1号仓库

材料编号	名称	规格型号	计量单位	数量		价格（元）		
				请领	实发	单价	金额	②此联经签收交材料核算员
01	太空玻璃		千克	1 000	1 000	30	30 000	
合计				1 000	1 000	30	30 000	

领料部门负责人：王依　　领料人：王刚　　发料人：孙静　　审批：李立新

图6－9　专用凭证

二、原始凭证的内容与填制

（一）原始凭证的内容

原始凭证所包括的基本内容通常称为凭证要素。原始凭证的格式和内容因经济业务和经营管理的不同而有所差异，但应当具备以下基本内容：

（1）凭证的名称（如领料单、发票、支票等）；

（2）填制凭证的日期及凭证编号；

（3）填制凭证的单位名称或者填制人姓名；

（4）经办人员的签名或者盖章；

（5）接受凭证单位的名称；

（6）经济业务内容；

（7）数量、单价和金额。

（二）原始凭证的填制要求

1. 原始凭证填制的基本要求

原始凭证是进行会计核算的重要依据，为了保证原始凭证能够正确、及时、清晰地反映交易或事项的真实情况，填制原始凭证必须符合下列基本要求：

（1）记录要真实。原始凭证上填列的各项要素必须真实，做到与实际情况完全相符合。

（2）内容要完整。必须按照规定的原始凭证基本要素，逐项进行填写，不得遗漏和省略。有关经办单位和人员必须按法规要求，认真签章做到责任明确，各负其责。

（3）手续要完备。①单位自制的原始凭证必须有经办单位领导人或者其他指定人员的签名盖章；②对外开出的原始凭证必须加盖本单位公章；③从外部取得的原始凭证，必须加盖填制单位的公章，没有公章或财务专用章的原始凭证应视为无效凭证，不能作为编制记账凭证的依据；从个人取得的原始凭证，必须有填制人员的签名盖章；④购买实物的原始凭证，必须有验收证明；支付款项的原始凭证，必须有收款单位和收款人的收款证明，付款人不能证明自己已付出款项；出纳人员在办理收款或付款业务后，应在凭证中加盖“收讫”或“付讫”的戳记，以避免重收重付。

总之，取得的原始凭证必须符合手续完备的要求，以明确经济责任，确保凭证的合法性、真实性。

（4）书写要规范。书写要清楚、规范，不得使用未经国务院公布的简化字。

大小写金额必须相符且填写规范（注：大小写金额不一致，并非按大写金额入账，而是此凭证无效）。原始凭证的填制，除需要复写的外，必须用钢笔或碳素笔书写。

小写：阿拉伯数字应该一个一个地写，不得连笔写。阿拉伯数字书写高度一般占全格的 $\frac{1}{2}$ 为宜，书写时要注意紧靠横格底线。合计金额阿拉伯数字前要填写人民币符号“￥”，人民币符号“￥”与阿拉伯数字之间不得留有空白。金额数字一律填写到角、分，无角、分的，写“00”或符号“－”；有角无分的，分位用“0”，不得用符号“－”。

大写：汉字大写数字金额如零、壹、贰、叁、肆、伍、陆、柒、捌、玖、拾、佰、仟、万、亿等，一律用正楷或者行书体填写，不得用零、一、二、三、四、五、六、七、八、九、十等简化字代替。大写金额前未印有“人民币”字样的，应加写“人民币”三个字，“人民币”字样和大写金额之间不得留有空白。大写金额到元或角为止的，后面要写“整”或“正”字。大写金额数字有分的，不写“整”或“正”字。阿拉伯数字中间连续有几个“0”，汉字大写金额中间只写一个“零”字。如小写金额 ￥1 008.30，大写金额应写成“人民币壹仟零捌元叁角整”。如小写金额 ￥314.24，大写金额应写成“人民币叁佰壹拾肆元贰角肆分”。

（5）编号要连续。如果原始凭证已预先印定编号，在写坏作废时，应加盖“作废”戳记，妥善保管，不得撕毁。

（6）不得涂改、刮擦、挖补。原始凭证有错误的，应当由出具单位重开或更正，更正处应当加盖出具单位印章。原始凭证金额有误的，应当由出具单位重开，不得在原始凭证上更正。

（7）填制要及时。各种原始凭证一定要及时填写，并按规定程序及时送交会计机构、会计人员进行审核。

2. 自制原始凭证的填制要求

不同的自制原始凭证，填制要求有所不同，具体如下所述：

（1）一次凭证的填制。一次凭证应在经济业务发生或完成时，由相关业务人员一次填制完成。该凭证往往只能反映一项经济业务，或者同时反映若干项同一性质的经济业务。

（2）累计凭证的填制。累计凭证应在每次经济业务完成后，由相关人员在同一张凭证上重复填制完成。该凭证能在一定时期内不断重复地反映同类经济业务的完成情况。

（3）汇总凭证的填制。汇总凭证应由相关人员在汇总一定时期内反映同类经济业务的原始凭证后填制完成。该凭证只能将类型相同的经济业务进行汇总，不能汇总两类或两类以上的经济业务。

3. 外来原始凭证的填制要求

外来原始凭证应在企业同外单位发生经济业务时，由外单位的相关人员填制完成。外来原始凭证一般由税务局等部门统一印制，或经税务部门批准由经营单位印制，在填制时加盖出具凭证单位公章方为有效。对于一式多联的原始凭证，必须用复写纸套写或打印机套打。

小贴士：

会计人员对审核不合格的原始凭证，按照《会计法》的规定，视具体情况分别处理：（1）对于不真实、不合法的原始凭证，会计人员有权拒绝接受并向单位负责人报告；（2）对于记载不准确、不完整的原始凭证，应退回有关经办人员，由经办人员本人或由其退回开具凭证的单位或个人，进行更正和重新填制。如果原始凭证金额填写错误，不得进行更正，必须由原开具单位重新开具，并将原错误凭证加盖“作废”戳记，同存根一起保存；如果原始凭证不是金额错误，应由原开具单位重新开具或更正，更正的凭证应在更正处加盖更正单位公章及经办人员签章。但是由单位自行填制的提交银行的各种结算凭证，其填制错误一律不得更改，应加盖“作废”戳记同存根一起保存，并重新填写正确的结算凭证。

三、原始凭证的审核

审核原始凭证是会计人员结合日常财务工作进行会计监督的基本形式，原始凭证的审核主要包括以下六个方面的内容：

1. 审核原始凭证的真实性

审核原始凭证，所反映的经济业务是否与实际情况相吻合。

2. 审核原始凭证的合法性

审核原始凭证反映的经济业务是否符合现行法律规定，是否符合现行企业会计准则及制度的要求。

3. 审核原始凭证的合理性

审核原始凭证所记载经济业务是否符合企业生产经营活动的需要，是否符合企业编制的计划和预算等。

4. 审核原始凭证的完整性

审核原始凭证的内容是否填写齐全，手续是否完备，是否有经办人签字或盖章。

5. 审核原始凭证的正确性

审核原始凭证各项数字金额的计算及填写是否正确，大小写金额是否一致，数字和文字的书写是否清楚，有无刮、擦、挖、补、涂、改等伪造痕迹。

6. 审核原始凭证的及时性

审核企业是否在经济业务发生或完成时及时填制有关原始凭证并及时进行凭证的传递。

应注意审查填制日期，尤其是支票、银行汇票、银行本票等时效性较强的原始凭证，更应仔细验证其签发日期。需要说明的是，原始凭证的审核，是一项严肃而细致的工作，会计人员必须坚持制度，履行会计人员的职责。

原始凭证审核的要点如表 6 - 2 所示。

表 6 - 2 原始凭证审核要点归纳

真实性	凭证日期、业务内容、数据是否真实；签字和盖章是否真实；通用凭证自身是否真实
合法性	业务是否违法；是否符合批准权限；是否按要求传递；是否有贪污挪用、腐化等情况
合理性	是否符合生产经营所需；是否符合相关预算和计划
完整性	是否日期完整、数字清晰、文字工整、签名盖章齐全、联次正确，有无漏项等
正确性	大小写金额计算及填写是否正确，书写是否规范
及时性	凭证填制日期是否是经济业务发生或完成时的日期或相近日期，货币资金是否推迟收款或提前付款，各类票据是否过期

任务实施

任务实施　根据郑州乐康有限公司的下列经济业务填制相应原始凭证

（1）2021 年 9 月 5 日，上月从腾飞有限公司购入生产所需 500 千克太空玻璃已到达，经检验合格验收入库，每千克 30 元，运杂费 200 元，请完成收料单的填写。

步骤一：仓库收料人员根据收到的经验收人员检验合格的原材料、采购人员提供的购货发票等，按照原始凭证的填制要求填写一式三联的收料单（见图 6 - 10）

收料单

供应单位：腾飞有限公司　　材料类别：原材料　　仓库：1 号仓库

发票号码：（略）　　2021 年 9 月 5 日　　单位：元

材料类别	名称	规格型号	计量单位	数量		实际成本（元）					
				应收	实收	买价		运杂费	其他	合计	
						单价	金额				
原材料	太空玻璃		千克	500	500	30	15 000	200		15 200	第三联 会计部门
合计				500	500		15 000	200		15 200	

收料人：孙静　　验收：王玉　　采购：王怡　　供应部门负责人：张芳

图 6 - 10　收料单

步骤二：收料单填写完成后，收料人员签名或盖章，并交由验收人员、采购人员、供应部门负责人分别签名和盖章

步骤三：按照收料单各联次的用途，分别传递到相应的部门和岗位，一

联留存仓库，据以登记材料物资明细账和材料卡片；一联送交供应部门存查；一联送交会计部门记账

（2）2021 年 9 月 10 日，生产车间王刚领用太空玻璃 300 千克，每千克 30 元，用于生产 PC 塑料杯。请完成领料单的填写。

步骤一：领料人员根据车间负责人的批准，按照原始凭证的填制要求，填写一式三联领料单（见图 6－11）。包括领用部门、领用时间、材料名称、规格型号、计量单位、请领数量、用途并由领料人员和车间负责人在领料单上签名或盖章

步骤二：仓库发料人员根据实际发料情况补充填写领料单的其他内容，包括实发数量、单位成本、金额以及领料单编号，然后由发料人员、仓库负责人签名和盖章

步骤三：按领料单各联次的用途传递到相应的部门和岗位。一联留存仓库，据以登记材料物资明细账和材料卡片；一联返还领料车间备查；一联送交会计部门或月末经汇总后转会计部门据以进行总分类核算

领料单

领料部门：生产车间　　凭证编号 0122

用途：PC 塑料杯　　2021 年 9 月 10 日　　收料仓库：1 号仓库

材料编号	名称	规格型号	计量单位	数量		价格（元）	
				请领	实发	单价	金额
1001	太空玻璃		千克	300	300	30	9 000
合计				300	300	30	9 000

②此联经签收交材料核算员

领料部门负责人：王依　　领料人：王刚　　发料人：孙静　　审批：李立新

图 6－11　领料单

（3）2021 年 9 月 20 日，厂部职工张林出差归来，报销差旅费 1 200 元，余款 300 元以现金形式退回，请完成收据（见图 6－12）的填写。

步骤一：收款单位收到现金时按照原始凭证的填制要求，填写一式三联收据中的相关内容，包括开具收据的日期、交款单位全称或交款个人姓名、款项内容、金额（大小写）、同时须由经办人员签章并加盖财务专用章

步骤二：按收据各联次的用途传递到相应的部门和岗位。第一联为存根联，第二联为收据联，第三联为记账联

收据

2021 年 9 月 20 日

兹收到　张林

交 来　还预借差旅费　¥300

人民币（大写）　叁佰元整

收款单位（盖章）：　　收款人：　　交款人：

郑州乐康有限公司 财务专用章

财务主管：张三　　复核：赵六　　收款：黄飞

图 6 – 12

（4）2021 年 9 月 26 日，公司出纳员张丽开出工商银行转账支票一张（见图 6 – 13），支付公司电费 15 000 元。请完成转账支票的填写。

步骤一：出纳人员根据电力公司开具的增值税专用发票，签写一张转账支票

步骤二：在转账支票上加盖财务专用章、法人代表章等银行预留印鉴

步骤三：将支票沿虚线撕开，存根联交制单会计据以填制记账凭证，正联交给电力公司办理转账业务

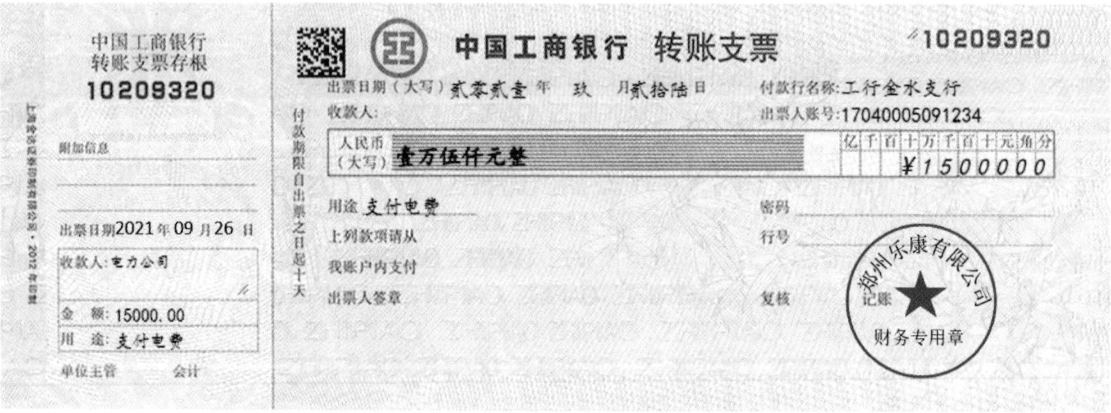

中国工商银行
转账支票存根
10209320
附加信息
出票日期 2021 年 09 月 26 日
收款人：电力公司
金　额：15000.00
用　途：支付电费
单位主管　会计

中国工商银行　转账支票　10209320
出票日期（大写）贰零贰壹 年 玖 月贰拾陆 日　付款行名称：工行金水支行
收款人：　出票人账号：17040005091234
付款期限自出票之日起十天
人民币（大写）壹万伍仟元整　¥1500000
用途 支付电费　密码
上列款项请从　行号
我账户内支付
出票人签章　复核　记账
郑州乐康有限公司 财务专用章

图 6 – 13

任务三　填制、审核记账凭证

任务导入

郑州乐康有限公司每天发生纷繁复杂的经济业务，相应的经办单位人员取得或填制证明经济业务发生和完成的原始凭证后，会计人员需要依据审核无误的原始凭证编制记账凭证。什么是记账凭证、记账凭证包括哪些内容、记账凭证如何填制、审核？通过本任务的学习将会获知答案。

知识准备

一、记账凭证的概念

记账凭证，又称记账凭单，是指会计人员根据审核无误的原始凭证，按照经济业务的内容加以归类，并据以确定会计分录后所填制的会计凭证，将其作为登记账簿的直接依据。

由于原始凭证来自不同的单位，种类繁多，来源广泛，数量庞大，格式各异，不能清楚地表明各会计要素对应的关系，进而难以记录在账簿上。因此，在登记账簿之前需要对原始凭证反映的不同经济业务加以归类和整理，填制具有统一格式的记账凭证，确定会计分录并据以登记入账，并将相关的原始凭证附在后面，作为记账凭证的依据，经过审核之后的记账凭证可以作为登记账簿的基础。这样不仅可以简化记账工作，减少差错，而且有利于原始凭证的保管，便于对账和查账，提高会计工作质量。

二、记账凭证的分类

记账凭证可按不同的标准进行分类，按照凭证用途可分为专用记账凭证和通用记账凭证；按照填列方式可分为单式记账凭证和复式记账凭证。

（一）按照凭证用途分类

依据凭证用途的不同，记账凭证可以划分为专用记账凭证和通用记账凭证。

1. 专用记账凭证

专用记账凭证是用来专门记录某一类经济业务的记账凭证。依据按其反映的经济业务内容，可分为收款凭证、付款凭证和转账凭证三种。

（1）收款凭证。收款凭证是指用于记录库存现金和银行存款收款业务的记账凭证。收款凭证根据有关库存现金和银行存款收入业务的原始凭证编制，据以登记现金和银行存款的有关账簿。具体格式如图 6－14 所示。

借方科目	
借方	
科目	

收款凭证

年 月 日

凭证编号	
顺序号	
分号	字 号

摘要	贷方总账科目	明细科目	借或贷	金额									
				千	百	十	万	千	百	十	元	角	分
合计													

附单据 张

财务主管 记账 出纳 审核 制单

图 6－14 收款凭证

（2）付款凭证。付款凭证是指用于记录库存现金和银行存款付款业务的记账凭证。付款凭证根据有关库存现金和银行存款支付业务的原始凭证编制，据以登记现金和银行存款的有关账簿。具体格式如图 6－15 所示。

贷方科目	
编号	
名称	

付款凭证

年 月 日

凭证编号	
顺序号	
分号	字 号

摘要	借方科目		过页	金额										
	编号及总账科目	明细科目		千	百	十	万	千	百	十	元	角	分	
合计														

会计主管 记账 审核 付款 制证 收款

图 6－15 付款凭证

（3）转账凭证。转账凭证是指用于记录不涉及库存现金和银行存款业务的记账凭证。它是登记明细账和总账等有关账簿的依据，是根据证明转账业务（与库存现金和银行存款无关的经济业务）发生的原始凭证填制的。具体格式如图 6－16 所示。

转 账 凭 证

年　月　日　　　　转字第　　号

摘要	总账科目	明细科目	√	借方金额										√	贷方金额									
				千	百	十	万	千	百	十	元	角	分		千	百	十	万	千	百	十	元	角	分
合计																								

附单据　张

财务主管　记账　出纳　审核　制单

图 6－16　转账凭证

收款凭证和付款凭证是登记现金和银行存款日记账、明细分类账及总分类账等账簿的依据，也是出纳人员收付款项的依据。出纳人员不能依据现金及银行存款收付业务的原始凭证来收付款项，必须根据会计主管人员或指定人员审核批准的收款凭证和付款凭证收付款项，从而加强对货币资金的管理，有效的实施对货币资金的监督。

小贴士：

对于库存现金和银行存款之间相互划转的经济业务，为了避免重复记账，只编制付款凭证，不编制收款凭证。即对于从银行提取现金的业务，编制银行存款付款凭证；对于将现金存入银行的业务，编制库存现金付款凭证。

2. 通用记账凭证

通用记账凭证是指适用于所有经济业务，具有统一格式的记账凭证。在采用通用记账凭证的企业不再区分收、付、转业务，所有的经济业务都采用通用记账凭证。其格式与转账凭证基本相同，具体格式如图 6－17 所示。

记账凭证

年　月　日　　　　字第　　号
附件　　张

摘要	总账科目	明细科目	借方金额											记账符号	贷方金额											记账符号
			亿	千	百	十	万	千	百	十	元	角	分		亿	千	百	十	万	千	百	十	元	角	分	
合计																										

会计主管　记账　复核　制证

图 6－17　记账凭证

收款凭证、付款凭证、转账凭证的划分，有利于区别不同经济业务，进行分类管理，便于对经济业务进行检查。但工作量大，适用于规模较大，收付款业务较多的单位。对于经济业务较少的单位则可以采用通用记账凭证来记录所有经济业务。

（二）按照凭证填列方式不同分类

按照凭证填列方式不同可以分为单式记账凭证和复式记账凭证两种。

1. 单式记账凭证

单式记账凭证是指只填列经济业务所涉及的一个会计科目及其金额的记账凭证。填列借方科目的称为借项凭证，填列贷方科目的称为贷项凭证。

单式记账凭证便于汇总计算每个会计科目的发生额，有利于会计的分工记账。但是单式记账凭证的制证工作量大，而且不能在一张凭证上反映经济业务的全貌，内容分散，也不便于查账。一般适用于业务量较大、会计部门内部分工较细的单位。单式记账凭证的编制原理仍然是借贷记账法，属于复式记账法，而不是单式记账法，只不过对于同一笔经济业务，需要同时使用借项凭证和贷项凭证。

2. 复式记账凭证

复式记账凭证是将每一笔经济业务所涉及的全部科目及其发生额均在同一张记账凭证中反映的一种凭证。

复式记账凭证在实务中被普遍采用。复式记账凭证可以集中反映一项经济业务的科目对应关系，便于了解有关经济业务的全貌，减少凭证数量，节约纸张。但是，采用复式记账凭证不便于同时汇总计算每个科目的发生额，也不利于会计的分工记账。

记账凭证的填制

三、记账凭证的内容与填制

（一）记账凭证的内容

记账凭证作为登记账簿的依据，为了保证账簿记录的正确性和业务内容的完整性，记账凭证必须具备以下基本内容，即记账凭证的基本要素。

（1）填制凭证的日期，记账凭证的填制日期与原始凭证的填制日期可能相同，也可能不同；

（2）凭证编号；

（3）经济业务摘要；

（4）会计科目，包括总分类科目和相关明细科目；

（5）金额；

（6）所附原始凭证张数；

（7）填制凭证人员、稽核人员、记账人员、会计机构负责人、会计主管人员签名或者盖章。收款和付款凭证还应当由出纳人员签名或者盖章。以自制的原始凭证或者原始凭证汇总表代替记账凭证的，也必须具备记账凭证应有的项目。

（二）记账凭证的填制要求

记账凭证根据审核无误的原始凭证或原始凭证汇总表填制。记账凭证填制的正确与否，直接影响整个会计系统最终提供信息的质量。记账凭证与原始凭证的填制相同，记账凭证也有记录真实、内容完整、手续齐全、填制及时等要求。

1. 记账凭证填制的基本要求

（1）记账凭证各项内容必须完整。记账凭证中的各项内容必须填写齐全，并按规定程序办理签章手续，不得简化。

（2）记账凭证的书写应当清楚、规范。具体要求与填制原始凭证的要求相同。

（3）除结账和更正错账的记账凭证可以不附原始凭证外，其他记账凭证必须附有原始凭证。如果一张原始凭证涉及几张记账凭证，可以把原始凭证附在一张主要的记账凭证后面，并在其他记账凭证上注明附有该原始凭证的记账凭证的编号或者附原始凭证复印件。一张原始凭证所列支出需要几个单位共同负担的，应当根据其他单位负担的部分，开给对方原始凭证分割单，进行结算。原始凭证分割单必须具备原始凭证的基本内容，如凭证名称、填制凭证日期、填制凭证单位名称或者填制人姓名、经办人的签名或者盖章、接受凭证单位名称以及经济业务的内容、数量、单价、金额和费用分摊情况等。

（4）记账凭证可以根据每一张原始凭证填制，或根据若干张同类原始凭证汇总填制，也可以根据原始凭证汇总表填制，但不得将不同内容和类别的原始凭证汇总填制在一张记账凭证上。

（5）记账凭证的编号应连续。凭证应由主管该项业务的会计人员，按业务发生的顺序及种类采用“字号编号法”连续编号。如果一笔经济业务需要填制两张及以上记账凭证，可以采用“分数编号法”编号。例如，一笔经济业务需编制 3 张转账凭证，该转账凭证的顺序号为 4 号，则记账凭证可编成转字 $4\frac{1}{3}$ 号、转字 $4\frac{2}{3}$ 号和转字 $4\frac{3}{3}$ 号。前面的数字表示凭证顺序，后面的分数的分母表示该号凭证有 3 张，分子表示 3 张凭证中的第 1 张、第 2 张和第 3 张。

（6）填制记账凭证时若发生错误，应当重新填制。已经登记入账的记账凭证，在当年内发现填写错误的，可以用红字填写一张与原内容相同的记账凭证，在摘要栏注明“注销某月某日第某号凭证”字样，同时用蓝字重新填制一张正确的记账凭证，在摘要栏注明“订正某月某日第某号凭证”字样。如果会计科目没有错误，只是金额错误，也可根据正确数字与错误数字之间的差额另编制一张记账凭证，调增金额用蓝字，调减金额用红字。

（7）记账凭证填制完成后，如有空行，应当自金额栏最后一笔金额数字下的空行处至合计数上的空行处画线注销。

2. 收款凭证的填制要求

收款凭证左上角的“借方科目”按收款的性质填写“库存现金”或“银

行存款”；日期填写的是填制本凭证的日期；右上角填写填制收款凭证的顺序号；摘要栏填写对所记录的经济业务的简要说明；贷方总账科目栏填写与收入“库存现金”或“银行存款”相对应的会计科目；“√”是该凭证已登记账簿的标记，防止经济业务重记或漏记；金额是指该项经济业务的发生额；该凭证右边“附单据×张”是指本记账凭证所附原始凭证的张数；最下边分别由有关人员签章，以明确经济责任。

3. 付款凭证的填制要求

付款凭证是根据审核无误的有关库存现金和银行存款的付款业务的原始凭证填制。付款凭证的填制方法与收款凭证基本相同，不同的是，在付款凭证的左上角应填列贷方科目，即“库存现金”或“银行存款”科目，借方总账科目栏应填写与“库存现金”或“银行存款”相对应的一级科目和明细科目。出纳人员在办理收款或付款业务后，应在原始凭证上加盖“收讫”或“付讫”戳记，以免重收重付。

4. 转账凭证的填制要求

转账凭证通常是根据有关转账业务的原始凭证填制的。转账凭证中的总账科目栏和明细科目栏应填写应借、应贷的总账科目和明细科目，借方科目应记金额应在同一行的借方金额栏填列，贷方科目应记金额应在同一行的贷方金额栏填列，借方金额栏合计数与贷方金额栏合计数应相等。

对于某些既涉及收款业务又涉及转账业务的综合性业务，可分开填制不同类型的记账凭证。如公司购入材料一批，材料已经验收入库，但是用银行存款结算了部分货款，剩余款项暂欠，这时就需要填制一张银行存款的付款凭证和一张转账凭证；再如，出差归来报销差旅费，原借款3 000元，实际花费2 800元，多余款项退回，这时就需要填制一张库存现金的收款凭证和一张转账凭证。

四、记账凭证的审核

为了正确登记账簿和监督经济业务，除了填制记账凭证的人员应当认真负责、正确填制、加强自审以外，同时还应建立专人审核制度。如前所述，记账凭证是根据审核无误的原始凭证进行填制。因此，记账凭证的审核应注意以下几点：

1. 内容是否真实

审核记账凭证所记录的经济业务内容是否符合所附原始凭证内容，其内容是否真实。

2. 项目是否齐全

审核记账凭证中有关项目的填列是否完备，有关人员的签章是否完备。

3. 科目是否正确

审核记账凭证的应借、应贷会计科目和金额是否正确，科目的对应关系是否清晰、完整，核算内容是否符合会计准则的要求。

4. 金额是否正确

审核记账凭证上列示的总分类科目的金额和明细科目的金额是否正确，借贷方金额合计是否相等。

5. 书写是否规范、正确

审核记账凭证的书写是否符合标准，数字是否清晰、更正是否正确。

6. 手续是否完备

记账凭证审核中如果发现错误，应及时查明原因，按规定加以更正。审核无误的记账凭证才能作为登记账簿的依据。

任务实施

任务实施　根据郑州乐康有限公司的下列经济业务，填制相应记账凭证。

（1）2021 年 7 月 10 日，郑州乐康有限公司收到一张转账支票，系天天公司 7 月 6 日所欠货款 23 200 元。根据此业务填制的收款凭证如图 6－18 所示。

收　款　凭　证

借方科目	
借方科目	银行存款

2021 年 7 月 10 日

凭证编号	
顺序号	30
分号	收字 10 号

摘要	贷方总账科目	明细科目	借或贷	千	百	十	万	千	百	十	元	角	分
收回前欠货款	应收账款	天天公司					2	3	2	0	0	0	0
合计						¥	2	3	2	0	0	0	0

附单据 1 张

财务主管　记账　出纳　审核 王依　制单 张飞

图 6－18

步骤一：复核存款进账单无误，并选定记账类型为收款凭证

步骤二：填写记账凭证的日期、编号。采用“字号编号法”，本例为收字 10 号

步骤三：“摘要”栏填写收到“前欠货款”

步骤四：填写会计分录和金额合计栏。根据进账单记载的内容进行会计确认和计量，确定会计分录并填写在相应的栏目内。借记账户名称“银行存款”，填写在表格外左上方“借方科目”处；贷记账户名称“应收账款”，填

写在表格内“贷方总账科目”栏的第一行，并相应填写明细账户的名称。金额填写在“金额”栏的第一行，填写合计小写金额、人民币符号

步骤五：在“金额”栏将空行划线注销

步骤六：填写附单据张数，并将进账单的收账通知联粘贴在记账凭证之后

步骤七：制单人员签名

步骤八：将记账凭证传给审核人员，审核人员按规定进行审核无误后签名

（2）2021 年 7 月 12 日，郑州乐康有限公司业务员张明出差预借差旅费 3 000元，出纳审核借款单后，开出一张 3 000 元的支票。根据此业务填制的付款凭证如图 6－19 所示。

贷方科目	
编号	
名称	银行存款

付 款 凭 证

2021 年 7 月 12日

凭证编号	
顺序号	40
分号	付字8号

摘要	借方科目：编号及总账科目	借方科目：明细科目	过页	金额（千百十万千百十元角分）
预借差旅费	其他应收款	张明		300000
合计				¥300000

附单据 1 张

会计主管　　记账　　审核 王依　　付款　　制证 张飞　　收款

图 6－19

步骤一：复核支票存根无误，并选定记账类型为付款凭证

步骤二：填写记账凭证的日期、编号。采用“字号编号法”本例为付字 8 号

步骤三：“摘要”栏填写“预借差旅费”

步骤四：填写会计分录和金额合计栏。根据支票存根记载的内容进行会计确认和计量，确定会计分录并填写在相应的栏目内。贷记账户名称“银行存款”，填写在表格外左上方“贷方科目”处；借记账户名称“其他应收款”，填写在表格内“借方科目”栏的第一行，并相应填写明细账户的名称。金额填写在“金额”栏的第一行，填写合计小写金额、人民币符号

步骤五：在“金额”栏将空行划线注销

步骤六：填写附单据张数，并将支票存根联粘贴在记账凭证之后

步骤七：制单人员签名

步骤八：将记账凭证传给审核人员，审核人员按规定进行审核无误后

签名

（3）2021 年 7 月 20 日，郑州乐康有限公司收到爱美公司投入的一台机器设备，价值 10 000 元，已投入使用。根据此业务填制的转账凭证如图6－20所示。

步骤一：复核固定资产转移单无误，并选定记账类型为转账凭证

步骤二：填写转账凭证的日期、编号。采用“字号编号法”，本例为转字 62 号

步骤三：“摘要”栏填写“收到投资者投资”

步骤四：填写会计分录和金额合计栏。根据固定资产转移单记载的内容进行会计确认和计量，确定会计分录并填写在相应的栏目内。先填写会计科目“固定资产”“实收资本”，然后填写应计入的金额。填写金额时，应记入“固定资产”账户借方的在“借方金额”栏填写，应记入“实收资本”账户贷方的在“贷方金额”栏填写。最后分别加计借方金额合计和贷方金额合计，填写在对应栏目的“合计”行，并在合计金额前的“十万”位格中填写人民币符号

步骤五：在“借方金额”“贷方金额”栏将空行划线注销

步骤六：填写附单据张数，并将固定资产转移单粘贴在记账凭证之后

步骤七：制单人员签名

步骤八：将记账凭证传给审核人员，审核人员按规定进行审核无误后签名

转 账 凭 证

2021 年 7 月 20 日　　　　转字第 62 号

摘要	总账科目	明细科目	√	借方金额（千百十万千百十元角分）	√	贷方金额（千百十万千百十元角分）
收到投资者投资	固定资产			1000000		
	实收资本	爱美公司				1000000
合计				¥1000000		¥1000000

附单据 1 张

财务主管　　记账　　出纳　　审核 王依　　制单 王晓

图 6－20

任务四　传递、保管会计凭证

任务导入

郑州乐康有限公司相应的经办单位和人员取得或填制证明经济业务发生和完成的原始凭证后，会计人员需要依据审核无误的原始凭证编制记账凭证。会计凭证从取得或填制时到归档保管过程中如何进行传递，以及如何归档保管，通过本任务的学习便会有新的认识。

知识准备

一、会计凭证的传递

会计凭证的传递是指从会计凭证的取得或填制时起至归档保管过程中，在单位内部有关部门和人员之间的传送程序。会计凭证的传递，应当满足内部控制制度的要求，使传递程序合理有效，同时尽量节约传递时间，减少传递的工作量。各单位应根据具体情况确定每种会计凭证的传递程序和方法。

会计凭证的传递具体包括传递程序和传递时间。各单位应根据经济业务的特点、内部机构设置、人员分工和管理要求，具体规定各种凭证的传递程序；根据有关部门和经办人员办理业务的情况，确定凭证的传递时间。

二、会计凭证的保管

会计凭证的保管，是指会计凭证登账后的整理、装订和归档存查工作。会计凭证是记账的依据，是重要的经济档案和历史资料，所以对会计凭证必须妥善整理和保管，不得丢失或任意销毁。会计凭证的保管，既要做到会计凭证的安全和完整无缺，又要便于凭证的事后调阅和查找。会计凭证归档保管的主要方法和要求如下：

（1）会计凭证应定期装订成册，防止散失。会计部门在依据会计凭证记账以后，应定期（每天、每旬或每月）对各种会计凭证进行分类整理，将各种记账凭证按照编号顺序，连同所附的原始凭证一起加具封面、封底，装订成册，并在装订线上加贴封签，由装订人员在装订线封签处签名或盖章。

从外单位取得的原始凭证遗失时，应取得原签发单位盖有公章的证明，并注明原始凭证的号码、金额、内容等，由经办单位会计机构负责人、会计主管人员和单位负责人批准后，才能代作原始凭证。若确实无法取得证明的，如车票丢失，则应由当事人写明详细情况，由经办单位会计机构负责人、会计主管人员和单位负责人批准后，代作原始凭证。

（2）会计凭证封面应注明单位名称、凭证种类、凭证张数、起止号数、年度、月份、会计主管人员、装订人员等有关事项，会计主管人员和保管人员应在封面上签章。

（3）会计凭证应加贴封条，防止抽换凭证。原始凭证不得外借，其他单位如有特殊原因确实需要使用时，经本单位会计机构负责人、会计主管人员批准，可以复制。向外单位提供的原始凭证复制件，应在专设的登记簿上登记，并由提供人员和收取人员共同签名、盖章。

（4）原始凭证较多时可单独装订，但应在凭证封面注明所属记账凭证的日期、编号和种类，同时在所属的记账凭证上应注明“附件另订”及原始凭证的名称和编号，以便查阅。

（5）每年装订成册的会计凭证，在年度终了时可暂由单位会计机构保管一年，期满后应当移交本单位档案机构统一保管；未设立档案机构的应当在会计机构内部指定专人保管。出纳人员不得兼管会计档案。

（6）严格遵守会计凭证的保管期限要求，期满前不得任意销毁。

项目总结

本项目共有四个任务，详细讲解了会计凭证相关知识。

任务一会计凭证概述，主要讲述了会计凭证的含义、作用和分类。会计凭证是记录经济业务、明确经济责任的书面证明，也是登记账簿的依据。会计凭证按其填制的程序和用途不同来划分，可以分为原始凭证和记账凭证两类。

任务二填制、审核原始凭证，主要介绍了原始凭证的含义、分类，原始凭证包括的内容，以及原始凭证的填制方法和注意事项，最后介绍了原始凭证的审核。

原始凭证是指经办单位或人员在经济业务发生或完成时取得或填制的，用于记录经济业务的发生或完成情况，明确经济责任并作为原始依据的书面证明文件。会计人员取得原始凭证时需要对原始凭证的真实性、合理性、合法性、完整性、正确性和及时性进行审核。

任务三填制、审核记账凭证，主要介绍了记账凭证的含义、分类、记账凭证包括的内容，以及不同类记账凭证的填制方法，最后介绍了记账凭证的审核。记账凭证，是指会计人员根据审核无误的原始凭证，按照经济业务的内容加以归类，并据以确定会计分录后所填制的会计凭证，将其作为登记账簿的直接依据。为了正确登记账簿和监督经济业务，除了填制记账凭证的人员应当认真负责、正确填制、加强自审以外，同时还应建立专人审核记账凭证的制度。

任务四传递、保管会计凭证，主要介绍了会计凭证的传递和保管。会计凭证的传递是指从会计凭证的取得或填制时起至归档保管过程中，在单位内部有关部门和人员之间的传送程序；会计凭证的保管，是指会计凭证登账后的整理、装订和归档存查工作。会计凭证是记账的依据，是重要的经济档案和历史资料，所以对会计凭证必须妥善整理和保管，不得丢失或任意销毁。

项目七

登记账簿

项目导航

知识目标	能力目标
• 熟悉会计账簿体系 • 掌握会计账簿的设置和登记方法 • 掌握对账方法 • 掌握结账方法 • 掌握错账查找与更正方法 • 了解账簿的更换与保管	• 能够根据不同账户准确选择、设置账簿 • 能够根据审核无误的会计凭证，使用正确的方法登记账簿 • 各种账簿均能按要求结账 • 能够选择合适的方法查找错账 • 能够使用正确的方法进行错账更正

课程思政

明日复明日，明日何其多。我生待明日，万事成蹉跎。

——钱福

要保证会计信息符合其质量要求，会计人员在进行会计核算时一定要及时，特别是日记账，要“日清月结”。其实，我们每一个人在对待生活中的事情的时候，也应该做到“今日事，今日毕”。如果我们对于自己每天必须做的事情，努力做到“日清”，对于明天要做的事情，努力做到“心中有数”，坚持成习惯，那么，无论我们的人生规划是什么样的，我们都能够实现。

我们已经知道，每一会计主体对日常发生的经济业务必须取得和填制会计凭证。但会计凭证对经济业务的反映是分散、零星的，不能全面、系统、连续、分类地反映一个单位一定时期发生的经济业务，所以必须设置并登记会计账簿，以获得经营管理等方面所需的各种会计信息。登记账簿俗称记账，是会计核算的一个重要环节。为了保证账簿记录的正确性，应当建立定期对账制度，并在每一会计期末结出本期发生额和期末余额。在一个会计年度终了大多数账簿都要启用新账。在懂得会计凭证的填制和审核方法之后，就应该学习根据会计凭证登记账簿、对账、结账以及错账查找与更正、账簿更换和保管等内容。

任务一　会计账簿概述

任务导入

如果你是郑州乐康有限公司的管理者，想知道公司现在的资金状况、债权债务状况，以及最近一段时间的经营效益情况。具体来讲，想知道现在账面上还有多少资金，还够不够下一阶段进货及日常的开销使用；公司现在的外欠款、应收款是多少；公司最近一段时间的收入是多少，成本费用是多少，利润又是多少等。这些基本的财务信息都可以从会计账簿中找到答案。

知识准备

一、会计账簿的含义

会计账簿是指由一定格式的账页组成，以经审核无误的会计凭证为依据，全面、系统、连续地记录各项经济业务的簿籍。通过账簿，能够全面、系统地记录和反映企业的资产、负债、所有者权益的增减变动情况和资金运动的过程及其成果。同时，会计账簿还是编制财务报表的依据。因此，设置和登记会计账簿是编制财务报表的基础，是连接会计凭证与财务报表的中间环节。

二、会计账簿的作用

设置和登记账簿是会计核算的专门方法之一，是会计核算工作的重要环节，对加强经济核算、改善经营管理、提高经济效益具有重要意义，主要表现在以下几个方面。

（一）将分散在记账凭证中的资料进行集中汇总

账簿由不同的相互关联的账户所构成，通过账簿记录，一方面可以分门别类地反映各项会计信息，提供一定时期内经济活动的详细情况；另一方面可以通过计算发生额、余额，提供所需要的反映财务状况及经营成果等内容的会计信息。

（二）为会计报告记载、存储会计信息

将会计凭证所记录的经济业务记入有关账簿，可以全面反映会计主体在一定时期内所发生的各项资金运动，储存编制财务报告所需要的各项会计信息。

（三）有利于展开会计监督和会计分析

会计账簿既是汇集、加工会计信息的工具，也是积累、储存经济活动情况的数据库。企业的一切财务收支、经营过程和结果都体现在账簿中。因此，利用账簿提供的资料，可以有效地开展会计检查和会计分析，加强会计监督，保护财产的安全和完整，提高企业的经营管理水平。

三、会计账簿的内容

尽管各种会计账簿所记录的经济内容不同，账簿的格式又多种多样，不同账簿格式所包括的具体内容也不尽相同，但各种账簿都应具备一些基本要素，这些基本要素包括以下三项内容：

（一）封面

封面主要标明会计账簿的名称，如总账、现金日记账等。

（二）扉页

扉页主要用来标明会计账簿的使用信息，如账簿启用和经管人员一览表、科目索引表等。

1. 账簿启用和经管人员一览表

账簿启用和经管人员一览表一般置于正式账页之前。其格式如图 7－1 所示。

<table>
<tr><td colspan="3">单位名称</td><td colspan="4">郑州乐康有限公司</td><td colspan="4">印章</td></tr>
<tr><td colspan="3">账簿名称</td><td colspan="4">总分类账（第 1 册）</td><td colspan="4" rowspan="4"></td></tr>
<tr><td colspan="3">账簿编号</td><td colspan="4">001</td></tr>
<tr><td colspan="3">账簿页数</td><td colspan="4">本账簿共　　页　　本账本页数
检点人盖章</td></tr>
<tr><td colspan="3">启用日期</td><td colspan="4">2021 年 1 月 1 日</td></tr>
<tr><td rowspan="4">经管人员</td><td colspan="2">负责人</td><td colspan="2">主办会计</td><td colspan="2">复核</td><td colspan="4">记账</td></tr>
<tr><td>姓名</td><td>签章</td><td>姓名</td><td>签章</td><td>姓名</td><td>签章</td><td colspan="2">姓名</td><td colspan="2">签章</td></tr>
<tr><td></td><td></td><td></td><td></td><td></td><td></td><td colspan="2"></td><td colspan="2"></td></tr>
<tr><td></td><td></td><td></td><td></td><td></td><td></td><td colspan="2"></td><td colspan="2"></td></tr>
<tr><td rowspan="5">交接记录</td><td colspan="2">经管人员</td><td colspan="4">接管</td><td colspan="4">交出</td></tr>
<tr><td>职别</td><td>姓名</td><td>年</td><td>月</td><td>日</td><td>签章</td><td>年</td><td>月</td><td>日</td><td>签章</td></tr>
<tr><td></td><td></td><td></td><td></td><td></td><td></td><td></td><td></td><td></td><td></td></tr>
<tr><td></td><td></td><td></td><td></td><td></td><td></td><td></td><td></td><td></td><td></td></tr>
<tr><td></td><td></td><td></td><td></td><td></td><td></td><td></td><td></td><td></td><td></td></tr>
<tr><td>备注</td><td colspan="10"></td></tr>
</table>

图 7－1　账簿启用和经管人员一览表

2. 科目索引表

科目索引表列明了一本账簿记录的所有科目名称和在账簿中的页数，就像是一本书的目录一样，方便记账人员登记账簿，也方便记账工作完成后其他相关人员翻阅。科目索引表一般作为账簿的扉页，格式如图 7－2 所示。

科目	页数	科目	页数	科目	页数	科目	页数

图 7－2　科目索引表

（三）账页

账页是账簿的核心，账页是账簿用来记录经济业务事项的载体，其格式因反映的经济业务内容的不同而有所不同，但都包括账户名称、记账日期栏、记账凭证的种类和号数栏、经济业务摘要栏、金额栏等基本内容。

四、会计账簿的分类

会计账簿的种类很多，不同类别的会计账簿可以提供不同的信息，满足不同的需要。

（一）按用途分类

会计账簿按照其用途可以分为序时账簿、分类账簿和备查账簿。

1. 序时账簿

序时账簿也称日记账，是按照经济业务发生时间的先后顺序逐日、逐笔登记的账簿。序时账簿按其记录的内容，可分为普通日记账和特种日记账。普通日记账是对全部经济业务按其发生时间的先后顺序逐日、逐笔登记的账簿，如日记总账；特种日记账是对某一特定种类的经济业务按其发生时间的先后顺序逐日、逐笔登记的账簿，如库存现金日记账、银行存款日记账。

2. 分类账簿

分类账簿又称分类账，是将全部经济业务按照会计要素的具体科目开设的分类账户进行登记的账簿。分类账簿按其反映指标的详细程度不同可分为总分类账和明细分类账。总分类账又称总账，是根据总分类账户开设的，用以记录全部经济业务总括核算资料的分类账簿；明细分类账又称明细账，是根据明细分类账户开设的，用来记录某一类经济业务详细核算资料的分类账，如原材料总账所属的甲材料和乙材料明细账。总账对其所属的明细账起统驭作用，明细账对总账进行补充和说明。

3. 备查账簿

备查账簿又称辅助账簿，是对某些在序时账簿和分类账簿中未予以登记或登记不够详细的经济事项进行补充说明的账簿，这类账簿注重文字描述，为某些经济业务提供必要的参考资料，如“代销商品登记簿”“租入固定资产登记簿”。备查账簿只是对账簿记录的一种补充，它与其他账簿之间不存在严密的依存关系和勾稽关系。备查账簿不是根据会计凭证登记的，也没有固定格式，各单位可以根据本单位财务管理的需要自行设置。

（二）按账页格式分类

会计账簿按账页格式不同，可以分为两栏式账簿、三栏式账簿、多栏式账簿、数量金额式账簿和横线登记式账簿。

1. 两栏式账簿

两栏式账簿是指只有借方和贷方两个金额栏目的账簿。普通日记账和转账日记账一般采用两栏式，具体格式如图 7－3 所示。

年		凭证号数	摘要	对应账户	借方	贷方
月	日					

图 7－3　两栏式账簿

2. 三栏式账簿

三栏式账簿是指设有借方、贷方和余额三个金额栏目的账簿。现金日记账、银行存款日记账以及资本类、债权债务类明细账和总分类账等，都可以采用三栏式账簿。具体格式如图 7－4 所示。

年		凭证号数	摘要	对应账户	借方	贷方	余额
月	日						

图 7－4　三栏式账簿

3. 多栏式账簿

多栏式账簿是指在账簿的两个金额栏目（借方和贷方）按需要分设若干专栏的账簿。多栏式账簿又可以细分为借方多栏式账簿、贷方多栏式账簿和借贷方多栏式账簿三种形式。

（1）借方多栏式账簿是指账簿的借方金额栏分设若干专栏的多栏式账簿，一般适用于成本、费用明细账，如生产成本明细账、管理费用明细账、制造费用明细账、财务费用明细账、其他业务成本明细账等。具体格式如图 7－5 所示。

年		凭证号数	摘要	借方				贷方	借或贷	余额
月	日			直接材料	直接人工	制造费用	合计			

图 7－5　借方多栏式账簿

（2）贷方多栏式账簿是指账簿的贷方金额栏分设若干专栏的多栏式账簿，一般适用于收入明细账，如主营业务收入明细账、其他业务收入明细账、营业外收入明细账等。具体格式如图 7－6 所示。

年		凭证号数	摘要	借方	贷方				借或贷	余额
月	日				A 产品	B 产品	C 产品	合计		

图 7－6　贷方多栏式账簿

（3）借贷方多栏式账簿是指账簿的借方金额栏和贷方金额栏分设若干专栏的多栏式账簿，最典型的适用对象是一般纳税人使用的应交增值税明细账。具体格式如图 7－7 所示。

年		凭证号数	摘要	借方				贷方					余额
月	日			进项税额	已交税金	转入未交增值税	合计	销项税额	进项税额转出	出口退税	转出多交增值税	合计	

图 7－7　借贷方多栏式账簿

4. 数量金额式账簿

数量金额式账簿是在账簿的借方、贷方和余额三个栏目内，都分设数量、单价和金额三小栏，用以登记财产物资数量、单价和总金额。数量金额式账簿一般适用于原材料明细账、库存商品明细账、委托加工物资明细账等。具体格式如图 7－8 所示。

年		凭证种类		摘要	收入			发出			结存		
月	日	字	号		数量	单价	金额	数量	单价	金额	数量	单价	金额

图 7－8　数量金额式账簿

5. 横线登记式账簿

横线登记式账簿又称平行式账簿，是指将前后密切相关的一笔经济业务登记在同一行上，以便检查每笔业务的发生和完成情况的账簿。最典型的适用对象是材料采购明细账，具体格式如图 7－9 所示。

年		凭证号数	摘要	借方			年		凭证号数	摘要	贷方		
月	日			买价	采购费用	实际成本	月	日			计划成本	成本差异	合计

图 7－9　横线登记式账簿

（三）按外观形式分类

会计账簿按照外观形式不同，可分为订本式账簿、活页式账簿和卡片式账簿。

1. 订本账

订本账是在启用前进行顺序编号并固定装订成册的账簿。订本账一般用于现金日记账、银行存款日记账和总分类账。其优点是可以防止账页的散失和非法抽换；其缺点是账页固定后，不便于分工记账，也不能根据记账需要增减账页。

2. 活页账

活页账是把账页装订在账夹内，可以随时增添或取出账页的账簿。其优点是可以根据需要增添或重新排列账页，并且可以分工记账；其缺点是账页容易丢失和被抽换。采用活页账，平时应按账页顺序编号，并在会计期末装订成册。装订完毕后，应按实际账页顺序编号并加目录。活页账一般用于各种明细分类账。

3. 卡片账

卡片账是由专门格式的分散的卡片作为账页组成的账簿。这种账一般用卡片箱装置，使用时按类别排列、按顺序编号，加盖有关人员的印章，由专人保管；使用完毕后归档，重新编写页码，列出目录，以备日后查阅。卡片账可以随取随放，它实际上是一种活页账。卡片账除具有一般活页账的优缺点外，它不需要每年更换，可以跨年度长期使用。在我国，企业一般对固定资产明细账采用卡片账形式，示例如图 7 - 10 所示。

卡片编号		购置日期			
固定资产编号		固定资产名称			
类别编号		类别名称			
规格编号		部门名称			
增加方式		存放地点			
使用状况		使用年限		开始使用日期	
原值		净残值率		净残值	
折旧方法		已计提月数		尚未使用月数	
已提累计折旧额		尚可计提折旧额		折旧费用类别	

图 7 - 10　固定资产卡片账

综上所述，账簿的分类如图 7 - 11 所示。

- 会计账簿
  - 按用途分类
    - 序时账簿
    - 分类账簿
      - 总分类账
      - 明细分类账
    - 备查账簿
  - 按账页格式分类
    - 两栏式账簿
    - 三栏式账簿
    - 多栏式账簿
    - 数量金额式账簿
    - 横线登记式账簿
  - 按外观形式分类
    - 序时账簿
    - 分类账簿
    - 备查账簿

图 7 - 11　账簿分类图

任务二 设置与登记会计账簿

任务导入

郑州乐康有限公司的主要产品有PC塑料杯和PP塑料杯，要计算每种产品的生产成本和收入。同时，该公司还和多家公司存在多项往来业务款项。针对郑州乐康有限公司的实际情况，你觉得应设置哪些账簿？这些账簿如何登记？

知识准备

一、账簿登记规则

账簿登记是会计核算的重要环节，为了保证记账工作的质量，使账簿记录正确、真实、清晰和完整，会计人员在记账时，应该严格遵守登记规则。

（1）账簿是一种需长期保存的经济档案。为了保证账簿记录清晰、耐久、便于查阅，必须使用蓝黑墨水或碳素墨水书写，不能使用圆珠笔或铅笔。红墨水只能在账簿冲账、更正和划线时使用。

（2）各种账簿必须按事先编写的页码，逐页、逐行按顺序连续登记，不得隔页、缺号、跳行，如不慎发生此种情况，应在空页或空行处用红色墨水对角划线注销，并由记账人员盖章。

（3）登记账簿要按记账凭证的日期、编号、摘要、金额等逐项登记入账，登记完毕，要在记账凭证上注明所记账簿的页数或者画“√”符号，表示已经登记入账，防止重记、漏记。

（4）账簿中书写的文字和数字上面要留有适当空格，不要写满格，一般应占格距的二分之一。

（5）每一账页登记完毕时，应当结出本页发生额合计数及余额，在该账页最后一行“摘要”栏内注明“转次页”或“过次页”，并将这一金额记入下一页第一行有关金额栏内，在该行“摘要”栏注明“承前页”，以保持账簿记录的连续性，便于对账和结账。

（6）登记账簿时，凡印有余额栏并需要结出余额的账户，应在结出余额后，在“借或贷”栏内注明余额的借贷方向。若余额为零，则应在“借或贷”栏注明“平”，并在余额栏“元”位处用“θ”表示。

（7）账簿记录发生错误时，不得采用涂改、挖补、刮擦、药水消除字迹等手段更正，也不允许重抄，必须采用适当的错账更正方法来更正。

二、日记账的设置与登记

（一）库存现金日记账的设置与登记

库存现金日记账是指用来核算和监督库存现金每天的收入、支出和结存情况的账簿。现金日记账是由出纳人员根据审核无误的现金收款凭证、现金付款凭证和银行付款凭证（从银行提取现金的业务），按照经济业务发生的先后顺序，逐日逐笔进行登记。现金日记账的格式分为三栏式和多栏式两种，下面主要介绍常用的三栏式现金日记账的设置和登记。

三栏式现金日记账设借方、贷方和余额三个基本金额栏目，一般将其分别称为收入、支出和结余三个基本栏目。在金额栏与摘要栏之间常常插入“对方科目”。其格式与内容如图 7－12 所示。

库存现金日记账

2021年		凭证		摘要	对方科目	√	收入（借方）金额										支出（贷方）金额										借或贷	结余金额										√
月	日	字	号				千	百	十	万	千	百	十	元	角	分	千	百	十	万	千	百	十	元	角	分		千	百	十	万	千	百	十	元	角	分	
7	1			期初余额																							借					3	5	0	0	0	0	
	1	付	3	预借差旅费	其他应收款																2	0	0	0	0	0	借					1	5	0	0	0	0	
	6	收	2	收回差旅费余款	其他应收款							5	0	0	0	0											借					2	0	0	0	0	0	
	13	付	5	报销业务招待费	管理费用																	8	0	0	0	0	借					1	2	0	0	0	0	
	15	付	7	购买办公用品	管理费用																	7	0	0	0	0	借						5	0	0	0	0	

图 7－12　三栏式库存现金日记账

库存现金日记账的登记方法如下：

（1）日期栏，根据记账凭证的日期填列，应与库存现金实际收付日期一致。

（2）凭证栏，根据登记入账的收、付款凭证的种类和编号填列，其中种类是指记账凭证的种类，如“现金收款凭证”可简写为“现收”，“银行付款凭证”可简写为“银付”。“号”指记账凭证的编号，记账时应按编号登记，以便查账和核对。

（3）摘要栏，简明扼要地说明登记入账的经济业务的内容，一般是与收付款记账凭证上的内容相同。

（4）对方科目栏，登记现金收入或支出对应的会计科目，可以根据收、付款凭证中的对方科目进行登记，其作用在于了解业务的来龙去脉。

（5）收入栏，根据库存现金收款凭证和银行存款付款凭证中的金额填列。

（6）支出栏，根据库存现金付款凭证所列金额填列。

每日终了，应将余额和企业实有的库存现金核对，即通常所说的“日清”。如账实不符应查明原因，并记录备案。月终需要结计库存现金收、付和结存的合计数，通常称“月结”。

现金余额的计算公式为：

$$上月余额 + \sum 本月收入 - \sum 本月支出 = 本月余额$$

（二）银行存款日记账的设置与登记

银行存款日记账是用来核算和监督银行存款每日的收入、支出和结存情况的账簿。银行存款日记账应按企业在银行开立的账户和币种分别设置，每个银行账户都设置一本日记账，再由出纳人员根据与银行存款收付有关的记账凭证，按时间先后顺序逐日逐笔进行登记。根据银行存款收款凭证和有关的现金付款凭证（将现金存入银行的业务）登记银行存款收入栏，根据银行存款付款凭证登记其支出栏，每日结出存款余额。银行存款日记账的格式分为三栏式和多栏式两种，下面主要介绍常用的三栏式银行存款日记账的设置和登记。

三栏式银行存款日记账设借方、贷方和余额三个基本金额栏目，一般将其分别称为收入、支出和结余三个基本栏目。在金额栏与摘要栏之间常常插入“对方科目”。其格式与内容如图所示 7－13 所示。

银行存款日记账

2021年		凭证		摘要	对方科目	✓	收入（借方）金额										支出（贷方）金额										借或贷	结余金额										✓
月	日	字	号				千	百	十	万	千	百	十	元	角	分	千	百	十	万	千	百	十	元	角	分		千	百	十	万	千	百	十	元	角	分	
7	1			期初余额																							借			3	6	5	0	0	0	0	0	
	1	付	1	申请汇票	其他货币资金														1	2	0	0	0	0	0	0	借			2	4	5	0	0	0	0	0	
	1	付	2	汇出采购款	其他货币资金														2	0	0	0	0	0	0	0	借				4	5	0	0	0	0	0	
	5	收	1	收到多余外埠存款	其他货币资金						1	1	0	0	0	0											借				4	6	1	0	0	0	0	
	8	收	3	收到汇票多余款	其他货币资金					2	6	4	0	0	0	0											借				7	2	5	0	0	0	0	
	15	付	6	预付购料款	预付账款																6	0	0	0	0	0	借				6	6	5	0	0	0	0	
	16	收	4	收到应收票据款	应收票据					2	0	2	0	0	0	0											借				8	6	7	0	0	0	0	
	18	付	8	购买材料	原材料															6	0	0	0	0	0	0	借				2	6	7	0	0	0	0	

图 7－13　三栏式银行存款日记账

银行存款日记账的登记方法如下：

（1）日期栏，填写与银行存款实际收、付日期一致的记账凭证的日期。

（2）凭证栏，填写所入账的收、付款凭证的种类和编号。

（3）摘要栏，根据记账凭证的摘要登记，简要说明经济业务的内容。一般与收付款记账凭证上的内容相一致。

（4）对方科目栏，根据记账凭证的对应科目登记，其作用在于了解经济业务的来龙去脉。

（5）收入栏，根据银行存款收款凭证和库存现金付款凭证（将现金存入银行的业务）登记。

（6）支出栏，应根据银行存款付款凭证登记。

三、分类账的设置与登记

（一）总分类账的设置与登记

总分类账是用来总括的反映企业发生的全部经济业务的账簿，它不仅能够总括地反映会计交易或事项的整体情况，并为会计报表的编制提供资料，同时也对所属明细账起到控制和统驭的作用，任何单位都必须设置总账。

总分类账一般都是三栏式，其账页要求设置借方、贷方和余额三个栏次，分别记录账户的增加额、减少额和余额。总分类账可以按记账凭证逐笔进行登记，也可按科目汇总表进行登记，还可按汇总记账凭证登记。采用哪种方法登记，需根据企业采用的账务处理程序不同而定，这一内容将在本教材项目九中具体介绍。

但不论采用哪种方法登记总账，每月都应将当月已完成的经济业务全部登记入账，月末结出总分类账簿中各账户本期发生额和期末余额，并与其所属的明细分类账核对。总分类账的格式如图 7－14 所示。

银行存款总分类账

2021年		凭证		摘要	借方金额										贷方金额										借或贷	余额										✓
月	日	字	号		千	百	十	万	千	百	十	元	角	分	千	百	十	万	千	百	十	元	角	分		千	百	十	万	千	百	十	元	角	分	
7	1			期初余额																					借			3	6	5	0	0	0	0	0	
	1	付	1	申请汇票													1	2	0	0	0	0	0	0	借			2	4	5	0	0	0	0	0	
	1	付	2	汇出采购款													2	0	0	0	0	0	0	0	借			2	2	5	0	0	0	0	0	
	5	收	1	收到多余外埠存款					1	1	0	0	0	0											借			2	2	6	1	0	0	0	0	
	8	收	3	收到汇票多余款				2	6	4	0	0	0	0											借			2	5	2	5	0	0	0	0	
	15	付	6	预付购料款															6	0	0	0	0	0	借			2	4	6	5	0	0	0	0	
	16	收	4	收到应收票据款				2	0	2	0	0	0	0											借			2	6	6	7	0	0	0	0	
	18	付	8	购买材料														6	5	3	5	0	0	0	借			2	0	1	3	5	0	0	0	

图 7－14　总分类账

（二）明细分类账的设置与登记

明细分类账，简称明细账，是按照某一总分类账户所需要的各个明细账户开设的，用于提供详细资料的账簿。根据各单位的实际需要可以按照二级科目或三级科目开设账户，用来分类、连续的记录有关会计要素的详细情况，提供编制会计报表所需要的数据，因此各单位在按照总分类账户设置总账的时候还应按明细分类账户设置明细账。明细分类账的格式主要有三栏式、多栏式、数量金额式和横线登记式四种。

1. 三栏式明细分类账

三栏式明细账在账页中只设有借方、贷方和余额三个栏目，其格式与三栏式总账格式相同。这种账页格式适用于只进行金额核算的账户。如应收账款、应付账款等不需要进行数量核算的债权债务结算账户。三栏式明细分类账的具体格式如图 7－15 所示。

应收账款明细账

一级科目：应收账款

二级科目：上海贸易公司

2021年		凭证		摘要	借方金额										贷方金额										借或贷	余额										✓
月	日	字	号		千	百	十	万	千	百	十	元	角	分	千	百	十	万	千	百	十	元	角	分		千	百	十	万	千	百	十	元	角	分	
7	1			期初余额																					借				2	5	2	5	0	0	0	
	15	转	8	确认销售收入			5	6	1	6	0	0	0	0											借			5	8	6	8	5	0	0	0	
	24	转	12	确认销售收入				5	8	5	0	0	0	0											借			6	4	5	3	5	0	0	0	
	28	收	7	收到销货款														5	7	5	0	0	0	0	借			5	8	7	8	5	0	0	0	
	28	转	17	货款现金折扣															1	0	0	0	0	0	借			5	8	6	8	5	0	0	0	

图 7－15　三栏式明细账

2. 多栏式明细分类账

多栏式明细账是在账页上的借方、贷方或借贷双方设置若干个栏目，集中反映某一总分类账户所属明细分类账户全部明细项目信息的账簿，它一般适用于反映成本、费用、收入、利润等明细账的登记，如生产成本、管理费用、财务费用和本年利润的明细账。多栏式明细账的格式如图 7－16 所示。

生产成本明细账

一级科目：生产成本

二级科目：A产品

2021年		凭证		摘要	借方发生额	借方（成本项目）			借或贷	余额	✓
月	日	字	号			直接材料	直接人工	制造费用			
7	1			月初在产品成本		58 000	21 000	12 000	借	91 000	
	10	转	16	分配材料费用	1 390 000	1 390 000			借	1 481 000	
	11	转	21	分配工资费用	450 000		450 000		借	1 931 000	
	21	转	25	分配福利费用	63 000		63 000		借	1 994 000	
	22	转	26	分配制造费用				297 000	借	2 291 000	
	30	转	29	完工产品成本转出	2 256 000	1 424 000	528 000	304 000	借	35 000	
				月末在产品成本		24 000	6 000	5 000	借	35 000	

图 7－16　多栏式明细账

3. 数量金额式明细分类账

数量金额式明细分类账其借方（收入）、贷方（发出）和余额（结存）都分别设有数量、单价和金额三个专栏。适用于既要进行金额核算又要进行数量核算的账户。如对“原材料”“产成品”“库存商品”等总账科目的明细分类核算，可采用数量金额式明细账。数量金额式明细账的格式如图 7－17 所示。

原材料明细账

类别：				名称和规格：甲材料													计量单位：千克												产地：河南												
2021年		凭证		摘要	借方												贷方												余额												✓
					数量	单价	金额										数量	单价	金额										数量	单价	金额										
月	日	字	号				千	百	十	万	千	百	十	元	角	分			千	百	十	万	千	百	十	元	角	分			千	百	十	万	千	百	十	元	角	分	
6	1			期初余额																									2000	15				3	0	0	0	0	0	0	
	6	转	1	购入材料	6000	15				9	0	0	0	0	0	0													8000	15			1	2	0	0	0	0	0	0	
	10	转	#	购入材料	3000	15				4	5	0	0	0	0	0													11000	15			1	6	5	0	0	0	0	0	

图 7－17　数量金额式明细账

4. 横线登记式明细分类账

横线登记式明细分类账也称为平行式明细分类账，它的账页结构特点是将前后密切相关的经济业务在同一横行内进行详细登记，以检查每笔经济业务完成及变动情况。这种格式的账簿适用于登记材料采购、在途物资、应收票据和一次性备用金业务。

（三）总分类账与明细分类账的关系及平行登记

1. 总分类账与明细分类账的关系

总分类账户是所属明细分类账户的统驭账户，对所属明细分类账户起着控制作用；明细分类账户则是总分类账户的从属账户，对其所隶属的总分类账户起着辅助作用。总分类账户及其所属明细分类账户的核算对象是相同的，他们所提供的核算资料互为补充，只有把两者结合起来，才能既总括又详细地反映同一核算内容。因此，总分类账户和明细分类账户必须平行登记。

2. 总分类账与明细分类账平行登记

平行登记是指对所发生的每项经济业务都要以会计凭证为依据，一方面记入有关总分类账户，另一方面记入所属明细分类账户的方法。总分类账户与明细分类账户平行登记的要点有：

（1）方向相同。在总分类账户及其所属的明细分类账户中登记同一项经济业务时，方向必须相同。即在总分类账户中记入借方，在它所属的明细分类账户中也应记入借方；在总分类账户中记入贷方，在其所属的明细分类账户中也应记入贷方。

（2）期间一致。发生的经济业务，记入总分类账户和所属明细分类账户的具体时间可以有先后，但应在同一会计期间记入总分类账户和所属明细分类账户。

（3）金额相等。记入总分类账户的金额必须与记入其所属的一个或几个明细分类账户的金额合计数相等。这里包含以下两层含义，一是总分类账户本期发生额与其所属明细分类账户本期发生额合计相等；二是总分类账户期末余额与其所属明细分类账户期末余额合计相等。在会计核算过程中，通常利用这种关系来检查总分类账和明细分类账记录的完整性和正确性。

任务实施

任务实施一　日记账的设置与登记

郑州乐康有限公司 2021 年 5 月 31 日库存现金日记账和银行存款日记账的账面余额分别为 2 000 元和 320 000 元，6 月份部分库存现金和银行存款收付业务及经审核无误的记账凭证如图 7－18 所示。

（1）6 月 1 日，签发现金支票，从银行提取现金 2 500 元备用。

（2）6 月 10 日，从乐乐公司购入原材料，价款 10 000 元，增值税税额 1 300 元，收到增值税专用发票，材料已验收入库，开出一张转账支票。

（3）6 月 18 日，采购科李丽预借差旅费 1 000 元，以库存现金支付。

（4）6 月 23 日，向美乐公司销售产品，价款 5 000 元，增值税 650 元，对方以转账的方式支付货款。

记账凭证（简化格式）

2021年		凭证号数	摘要	账户名称		借方金额	贷方金额
月	日			总账账户	明细账户		
6	1	付1	提取现金	库存现金		2 500	
				银行存款			2 500
6	10	付2	采购材料	原材料		10 000	
				应交税费	应交增值税（进项税额）	1 300	
				银行存款			11 600
6	18	付3	采购员预借差旅费	其他应收款	李丽	1 000	
				库存现金			1 000
6	23	收1	销售产品	银行存款		5 800	
				主营业务收入			5 000
				应交税费	应交增值税（销项税额）		650

图 7－18

要求：根据上列记账凭证登记库存现金日记账（见图 7－19）和银行存款日记账（见图 7－20）。

步骤一：在库存现金日记账和银行存款日记账的第一行登记期初余额

步骤二：根据记账凭证信息登记日记账

步骤三：登记完每一笔记账凭证，在记账凭证上“过账”栏画上“√”号

步骤四：登记完每一笔记账凭证，要结出日记账的余额

库存现金日记账

2021年		凭证		摘要	对方科目	√	收入（借方）金额										付出（贷方）金额										借或贷	结存金额										√
月	日	字	号				千	百	十	万	千	百	十	元	角	分	千	百	十	万	千	百	十	元	角	分		千	百	十	万	千	百	十	元	角	分	
6	1			期初余额																							借					2	0	0	0	0	0	
	1	付	1	提取现金	银行存款						2	5	0	0	0	0											借					4	5	0	0	0	0	
	18	付	3	采购员预借差旅费	其他应收款																1	0	0	0	0	0	借					3	5	0	0	0	0	

图 7－19

银行存款日记账

2021年		凭证		摘要	对方科目	√	收入（借方）金额										付出（贷方）金额										借或贷	结存金额										√
月	日	字	号				千	百	十	万	千	百	十	元	角	分	千	百	十	万	千	百	十	元	角	分		千	百	十	万	千	百	十	元	角	分	
6	1			期初余额																							借			3	2	0	0	0	0	0	0	
	1	付	1	提取现金	库存现金																2	5	0	0	0	0	借			3	1	7	5	0	0	0	0	
	10	付	2	采购材料	原材料															1	1	3	0	0	0	0	借			3	0	6	2	0	0	0	0	
	23	收	1	销售商品	主营业务收入						5	6	5	0	0	0											借			3	1	1	8	5	0	0	0	

图 7－20

任务实施二　明细分类账的设置与登记

2021 年 8 月 1 日，郑州乐康有限公司原材料中的甲材料的期初结存 1 000 千克，单价 50 元，应收乐乐公司账款 5 000 元。该公司 8 月份经审核无误的部分经济业务的记账凭证如图 7－21 所示。

2021年		凭证号数	摘要	账户名称		借方金额	贷方金额
月	日			总账账户	明细账户		
8	5	付1	采购材料	原材料	甲材料	25 000	
				应交税费	应交增值税（进项税额）	3 250	
				银行存款			28 250
8	13	转5	生产产品领用材料	生产成本	A产品	30 000	
				原材料	甲材料		30 000
8	19	转9	销售产品	应收账款	乐乐公司	23 200	
				主营业务收入			20 000
				应交税费	应交增值税（销项税额）		2 600

图 7－21

详细资料：根据收料单记录，8 月 5 日入库甲材料的数量是 500 千克，单位成本 50 元；根据领料单记录，8 月 13 日领用甲材料的数量是 600 千克，单位成本是 50 元。

要求：根据上列记账凭证登记“原材料——甲材料”“应收账款——乐乐公司”的明细账。

2021 年 8 月 5 日：

步骤一：登记原材料明细账（见图 7－22）。材料明细账会计根据 1 号付款凭证及所附的收料单，在甲材料明细账中进行逐项登记，并计算登记本日结存数量和金额

步骤二：材料明细账会计在 1 号付款凭证的“甲材料”所在行“过账”栏画“√”号，并在凭证上签章

原材料明细账

类别：　　品名：甲材料　　计量单位：千克　　产地：河南

2021年		凭证		摘要	借方												贷方												余额												√
					数量	单价	金额										数量	单价	金额										数量	单价											
月	日	字	号				千	百	十	万	千	百	十	元	角	分			千	百	十	万	千	百	十	元	角	分			千	百	十	万	千	百	十	元	角	分	
8	1			期初余额																									1000	50				5	0	0	0	0	0	0	
	5	付	1	采购材料	500	50				2	5	0	0	0	0	0													1500	50				7	5	0	0	0	0	0	
	13	转	5	领用材料													600	50				3	0	0	0	0	0	0	900	50				4	5	0	0	0	0	0	

图 7－22

2021 年 8 月 13 日：

步骤一：登记原材料明细账（见图 7－22）。材料明细账会计根据 5 号转账凭证及所附的领料单，在甲材料明细账中进行逐项登记，并计算登记本日结存数量和金额

步骤二：材料明细账会计在 5 号转账凭证的“甲材料”所在行“过账”栏画“√”号，并在凭证上签章

2021 年 8 月 19 日：

步骤一：登记应收账款明细账（见图 7－23）。往来明细账会计根据 9 号转账凭证在“应收账款——乐乐公司”明细账中进行逐项登记

步骤二：往来明细账会计在 9 号转账凭证的“乐乐公司”所在行“过账”栏画“√”号，并在凭证上签章

应收账款明细账																																			
一级科目：应收账款																																			
二级科目：乐乐公司																																			
2021年		凭证		摘要	借方金额										贷方金额										借或贷	余额										✓
月	日	字	号		千	百	十	万	千	百	十	元	角	分	千	百	十	万	千	百	十	元	角	分		千	百	十	万	千	百	十	元	角	分	
8	1			期初余额																					借					5	0	0	0	0	0	
	19	转	9	销售产品				2	3	2	0	0	0	0											借				2	8	2	0	0	0	0	

图 7－23

任务三　对账

任务导入

实际会计工作中，在填制凭证、记账等过程中，由于多种原因，账簿记录难免会出现错记、漏记的情况。任何一个环节出现错误，都将影响会计信息的准确性和真实性。因此郑州乐康有限公司在期末结账前必须进行会计对账工作，以保证账簿记录的正确性，为编制会计报表提供真实可靠的资料。

知识准备

一、对账的概念

对账就是核对账目，是对账簿记录所进行的核对工作。通过对账可以及时发现记账过程中的错误，以保证账簿记录的真实、完整和准确，为期末编制会计报表提供可靠的依据。

对账工作一般在月末进行，即在记账之后，结账之前进行。对账是把会计账簿记录的有关数字与库存实物、货币资金、有价证券等的相关资料和情况进行核对，包括与往来单位或者个人进行的相关核对。一些基础性工作，一般应在平时进行对账。若遇有特殊情况，比如有关人员工作调动而办理移交手续之前，或者发生非常事件后，也应随时进行对账。

二、对账的内容

对账包括账证核对、账账核对和账实核对。

（一）账证核对（账簿记录⇔会计凭证）

账证核对是将账簿记录与会计凭证核对，核对账簿记录与原始凭证、记账凭证的时间、凭证字号、内容、金额等是否一致，记账方向是否相符，做到账证相符，以确保账簿记录的准确性。

如有不符之处，应当及时查明原因，予以更正。保证账证相符是会计核算的基本要求之一，也是账账相符和账实相符的基础。这种核对一般是在日常编制凭证和记账过程中进行，以检查所记账目是否正确。

（二）账账核对（账簿记录⇔账簿记录）

账账核对是指核对不同会计账簿之间的相对应记录是否相等。各个会计账簿是一个有机整体，既有分工，又有衔接，总的目的就是为了全面、系统、综合地反映企业单位的经济活动与财务收支情况。各种账簿之间的这种衔接依存关系就是常说的勾稽关系，由于这种关系的存在，就可以通过账簿之间的相互核对，一旦发现错误，应当立即更正，做到账账相符。账账核对的内容主要包括：

1. 总分类账之间的核对

核对所有总分类账账户借方发生额合计与贷方发生额合计是否相符；核对所有总分类账户借方余额合计与贷方余额合计是否相符。

2. 总分类账簿与所属明细分类账簿之间的核对

核对总分类账账户余额合计与其所属明细分类账账户余额合计是否相符。

3. 总分类账簿与序时账簿之间的核对

核对现金日记账和银行存款日记账的余额与总分类账中现金和银行存款账户余额是否相符。

4. 明细分类账之间的核对

会计部门核对有关财产物资明细分类账余额与财产物资保管、使用部门的有关明细分类账余额是否相符。

（三）账实核对（账簿⇔财产物资/债权债务）

账实核对是在账证、账账核对的基础上，将各项财产物资、债权债务等账面余额与实有数额进行核对。由于实物的增减变化、款项的收付都要在有关账簿中如实反映，因此，通过对会计账簿记录与实物、款项的实有数进行核对，可以检查、验证会计账簿记录的准确性，以便于及时发现财产物资和货币资金管理中存在的问题，查明原因，分清责任，改善管理，保证账实相符。账实核对的主要内容包括：

（1）库存现金日记账账面余额与库存现金实际库存数核对是否相符；

（2）银行存款日记账账面余额与银行对账单的余额核对是否相符；

（3）各项财产物资明细账账面余额与财产物资的实有数额核对是否相符；

（4）有关债权债务明细账账面余额与对方单位的账面记录核对是否相符。

造成账实不符的原因是多方面的，如财产物资保管过程中发生的自然损耗；财产收发过程中由于计量或检验不准，造成多收或少收的差错；财产物资由于管理不善、制度不严造成的财产损坏、丢失、被盗；在账簿记录中发生的重记、漏记、错记；由于有关凭证未到，形成未达账项，造成结算双方账实不符；发生意外灾害等。因此，各单位一般需要通过财产清查来弥补这方面的漏洞，保证会计信息的真实、可靠，提高会计主体的管理水平。

任务四 结账

任务导入

会计工作经过日常的填制凭证、记账、对账等过程之后，一般在一定的会计期间内必须进行结账，结账包括月结、季结和年结。郑州乐康有限公司通过结账，可以取得本期财务状况及经营成果的核算资料，为编制会计报表提供依据。

知识准备

一、结账的概念

结账就是把一定期间（月份、季度、年度）内所发生的经济业务全部登记入账的基础上，结算出各种账簿的本期发生额和期末余额。为了总结某一会计期间的经营活动情况，考核财务成果，编制会计报表，需要在会计期末（如月末、季末、半年末、年末）进行结账。结账一般按以下程序进行：

（1）记账：将本期发生的经济业务全部登记入账，并保证其正确性。既不能为了赶编会计报表提前结账，也不能把本期发生的经济业务延迟到下一个期间去登记，更不能先编制会计报表后结账。

（2）调整：在本期经济业务全面入账的基础上，根据权责发生制的要求，调整有关账项，合理确定应计入本期的收入和费用。如折旧、利息、税费的计算等。

（3）结转：将损益类账户转入“本年利润”账户，结平所有损益类账户。

（4）结算：结算出资产、负债和所有者权益账户的本期发生额和期末余额，并将期末余额结转至下期，作为下期的期初余额。

上述工作完成后，就可以根据总分类账和明细分类账的本期发生额和期末余额，分别进行试算平衡。

二、结账的方法

结账时，应当根据不同账户的记录，分别采用不同的方法。

（1）对不需按月结计本期发生额的账户，如各项应收应付款明细账和各项财产物资明细账等，每次记账以后，都要随时结出余额，每月最后一笔余额是月末余额，月末余额就是本月最后一笔经济业务记录的同一行内的余额。月末结账时，只需要在最后一笔经济业务记录下通栏划单红线，不需要再结计一次余额。

（2）库存现金、银行存款日记账和需要按月结计发生额的收入、费用等明细账，每月结账时，要在最后一笔经济业务记录下面通栏划单红线，结出本月发生额和余额，在摘要栏内注明“本月合计”字样，并在下面通栏划单红线。

（3）对于需要结计本年累计发生额的明细账户，如损益类账户，每月结账时，应在“本月合计”行下结出自年初起至本月末止的累计发生额，登记在月份发生额下面，在摘要栏内注明“本年累计”字样，并在下面通栏划单红线。12 月末的“本年累计”就是全年累计发生额，全年累计发生额下通栏划双红线。

（4）总账账户平时只需结出月末余额。年终结账时，为了总括地反映全年各项会计要素的增减变化情况，方便核对账目，要将所有总账账户结出全年发生额和年末余额，在摘要栏内注明“本年合计”字样，并在合计数下通栏划双红线。

（5）年度终了结账时，有余额的账户，应将其余额结转到下一个会计年度，并在摘要栏注明“结转下年”字样；在下一个会计年度新建有关账户的第一行余额栏内填写从上年结转的余额，并在摘要栏注明“上年结转”字样，使年末有余额账户的余额如实地在账户中加以反映，以免混淆有余额的账户和无余额的账户。

任务实施

任务实施　库存现金日记账期末结账

郑州乐康有限公司 2021 年 6 月库存现金日记账如图 7－24 所示。

库存现金日记账																																						
2021年		凭证		摘要	对方科目	√	收入（借方）金额										付出（贷方）金额										借或贷	结存金额										√
月	日	字	号				千	百	十	万	千	百	十	元	角	分	千	百	十	万	千	百	十	元	角	分		千	百	十	万	千	百	十	元	角	分	
6	1			期初余额																							借					2	0	0	0	0	0	
	1	付	1	提取现金	银行存款						2	5	0	0	0	0											借					4	5	0	0	0	0	
	18	付	3	采购员预借差旅费	其他应收款																1	0	0	0	0	0	借					3	5	0	0	0	0	

图 7－24

要求：进行库存现金日记账 6 月份的结账（见图 7－25）。

库存现金日记账																																						
2021年		凭证		摘要	对方科目	√	收入（借方）金额										付出（贷方）金额										借或贷	结存金额										√
月	日	字	号				千	百	十	万	千	百	十	元	角	分	千	百	十	万	千	百	十	元	角	分		千	百	十	万	千	百	十	元	角	分	
6	1			期初余额																							借					2	0	0	0	0	0	
	1	付	1	提取现金	银行存款						2	5	0	0	0	0											借					4	5	0	0	0	0	
	18	付	3	采购员预借差旅费	其他应收款																1	0	0	0	0	0	借					3	5	0	0	0	0	
6	30			本月合计							2	5	0	0	0	0					1	0	0	0	0	0	借					3	5	0	0	0	0	

图 7－25

步骤一：在6月18日业务记录行的下面划一条通栏单红线

步骤二：在红线的次行进行月结，结出本月发生额和余额，在摘要栏内注明“本月合计”字样

步骤三：在月结下面划一条通栏单红线

任务五 查找与更正错账

任务导入

会计人员在登账过程中，由于记账凭证错误，或者记账凭证本身没有错误但在登账时发生错误，从而导致账簿记录错误。郑州乐康有限公司的财务经理要求会计人员小李查找一下是否存在错账，小李该如何进行查找，若发现错账，会计人员该如何更正。

知识准备

一、错账查找方法

查找错账的方法有很多，但每一种方法针对的错账类型是不同的。也就是说，错账情况不同，使用的查找方法就不一样。查找错账的方法主要有两种：抽查法和全面检查法。

（一）抽查法

所谓抽查法，就是针对错账的数字来进行检查的方法。抽查法分为差数法、尾数法、倍数法和除9法。

1. 差数法

差数法是指按照错账的差数查找错账的方法。主要适用于以下两种错账：

第一种是漏记或重记，因记账疏忽而漏记或重记一笔账，只要直接查找到差数的账就查到了，例如错账差数是1 700元，本期内发生1 700元的账有三笔，查找这三笔账并观察是否有漏记或重记。

第二种是串户，串户可分为记账串户和科目汇总串户。记账串户，如在记账时将应记入“应收账款”的金额误记入“应付账款”，这就造成资产负债表双方是平衡的，但总账与明细账核对时，应收款与应付款各发生差数；科目汇总串户，将应收款800元误作为应付款800元汇总了，同样在总账与明细账核对时，这两个科目同时发生差数800元，经过查对，如果记账没有发生串户，那么必定是科目汇总合并时科目汇总发生差错。

2. 尾数法

尾数法是指对于发生的差错只查找末位数，以提高查错效率的方法。这种方法适合于借贷方金额其他位数都一致，而只有末位数出现差错的情况。如只差 0.5 元，只需看一下尾数有“0.5”的金额。

3. 倍数法

倍数法也称为除 2 法，是首先算出借方和贷方的差额，再根据差额的一半来查找错误的方法。这种方法适用于把借贷金额某一方向记反的错账。如发现借贷不平的差是 3 800 元，在查找与 3 800 元有关的账簿记录未发现问题的前提下，将 3 800 元除以 2，查找与 1 900 元有关的账簿记录，看是否有将借贷都记在一个方向上的情况。

4. 除 9 法

除 9 法是指先算出借方和贷方的差额，再除以 9 来查找错误的方法。它适用于两种情况，即邻数颠倒和数字错位。例如，将 3 800 元误写成 8 300 元，或是将 3 800 元的错误扩大 10 倍。

（二）全面检查法

全面检查法就是对一定时期的账目进行全面核对的检查方法，具体分为两种：顺查法和逆查法。

顺查法是按照记账顺序，从原始凭证开始，逐笔检查到试算平衡表的一种方法。首先，检查记账凭证和所附原始凭证的各项内容是否相符、计算上有无差别等；其次，将记账凭证和所附原始凭证同有关总账、日记账、明细账逐笔查对；最后，检查试算平衡表上的数字是否抄错。

逆查法的顺序与记账顺序相反，是从试算平衡表追溯到原始凭证。首先，检查试算平衡表数字是否抄错，计算是否正确；其次，检查各账户本期发生额及余额的计算是否正确；最后，逐笔核对账簿记录与记账凭证、原始凭证是否相符。

二、错账更正方法

错账更正方法

登记会计账簿是一项很细致的工作。在记账过程中，可能由于种种原因会使账簿记录发生错误。有的是填制凭证和记账时发生的单纯笔误；有的是写错了会计科目、金额等；有的是合计时发生错误；有的是过账错误，登记账簿中发生的差错，一经查出就应立即更正。账簿记录错误，应该采用正确、规范的方法予以更正，不得涂改、挖补、刮擦或者用药水消除字迹，不得重新抄写。记账差错的具体情况不同，更正错误的方法也不同，一般常用的更正错误的方法有划线更正法、红字更正法和补充登记法三种。

（一）划线更正法

在结账前，记账凭证正确，但发现账簿记录中文字或数字有错误，应采用划线更正法。更正方法是：先在错误的文字或数字（整个数字）上划一条红线注销，并使原来的字迹仍可辨认，然后在红线上方空白处用蓝字写上正确的文字或数字，并由会计人员和会计机构负责人（会计主管人员）在更正处盖章，以明确责任。错误数字应全部划销，不能只划销写错的个别数字；对于错误文字，可只划去错误部分。例如，把“3 457”元误记为“8 457”元时，应将错误数字“8 457”全部用红线注销后，再写上正确的数字“3 457”，而不是只删改一个“8”字。

（二）红字更正法

红字更正法也叫赤字冲账法或红笔订正法，这种方法适用于记账凭证上的应记科目或金额发生错误，并已登记入账的情况。红字更正法一般在下述两种情况下使用：

1. 记账以后发现记账凭证中应借、应贷科目有错。此类错误如在当年发现，应用红字更正法予以更正。更正方法是：用红字填制一张与原错误记账内容完全相同的记账凭证，在摘要栏注明“注销某月某日第××号凭证”，并据以红字登记入账；然后用蓝字填制一张正确的记账凭证，在摘要栏内写明“更正某月某日第××号凭证”，并据以入账。

2. 原记账凭证中应借、应贷科目没有错误，所填金额大于应填金额。更正方法是：填制一张红字金额记账凭证，在金额栏中填列多记的数额，在摘要栏内注明“冲销某月某日第××号凭证多记金额”，并据以入账，以冲销原来多记的金额。

（三）补充登记法

补充登记法适用于记账后发现记账凭证中应借、应贷的会计账户正确，但所填的金额小于正确金额的情况。对于这种错误，可采用补充登记法。采用补充登记法时的更正方法是：将少填的金额（即正确金额与错误金额之间的差额）用蓝字填制一张记账凭证，在摘要栏内注明“补记某月某日第××号凭证少记数”，并据以登记入账。这样便将少记的金额补充登记入账。

错账更正的红字更正法和补充登记法都是用来更正因记账凭证错误而产生的记账错误，如果记账凭证准确无误而账簿记录出现错误，则只能用划线更正法更正。

任务实施

任务实施一　采用划线更正法更正错账

郑州乐康有限公司会计人员在登记应收账款明细账时，将借方金额的23 200.00误写为23 400.00，会计凭证并没有错误，应如何进行错账更正（见图7－26）。

步骤一：判断错账类型，记账凭证正确但是账簿登记有误

步骤二：选择错账更正方法，应选择划线更正法

步骤三：进行更正、签章，更正如下

应收账款明细账																																				
一级科目：应收账款																																				
二级科目：乐乐公司																																				
2021年		凭证		摘要	借方金额										贷方金额										借或贷	余额										✓
月	日	字	号		千	百	十	万	千	百	十	元	角	分	千	百	十	万	千	百	十	元	角	分		千	百	十	万	千	百	十	元	角	分	
8	1			期初余额																					借					5	0	0	0	0	0	
	19	转	9	销售产品				2 ~~2~~	3 ~~3~~	2 ~~4~~	0 ~~0~~	0 ~~0~~	0 ~~0~~	0 ~~0~~											借				2	8	2	0	0	0	0	

图 7－26

任务实施二　采用红字更正法更正错账

郑州乐康有限公司领用太空玻璃 3 000 元用于生产 PC 塑料杯，公司会计人员填制记账凭证时，误将借方科目写成“管理费用”，并已登记入账。原错误记账凭证为：

借：管理费用　　3 000

　　贷：原材料　　3 000

步骤一：判断错账类型，记账凭证有误，会计科目选择错误

步骤二：选择错账更正方法，应选择红字更正法

步骤三：进行更正，首先用红字填制一张与原错误记账凭证内容完全相同的记账凭证

借：管理费用　　[3 000]

　　贷：原材料　　[3 000]

其次，用蓝字填制一张正确的记账凭证

借：生产成本　　3 000

　　贷：原材料　　3 000

任务实施三　采用补充登记法更正错账

郑州乐康有限公司领用太空玻璃 3 000 元用于生产 PC 塑料杯，在编制记账凭证时应借、应贷账户没有错误，只是金额由 3 000 元写成了 300 元，并且已登记入账。原错误记账凭证为：

借：生产成本　　300

　　贷：原材料　　300

步骤一：判断错账类型，记账凭证有误，应借、应贷账户没有错误，只是金额少记

步骤二：选择错账更正方法，应选择补充登记法

步骤三：进行更正，该笔业务只需用蓝字编制一张记账凭证将少记的金额 2 700 元补足便可

借：制造费用　　2 700

　　贷：原材料　　2 700

任务六　更换与保管会计账簿

任务导入

2021 年郑州乐康有限公司经营业务已结束，会计账簿作为企业重要的经济业务档案，2021 年是否应该更换账簿，是否需要更换全部账簿，如何进行更换手续，更换下来的旧账簿如何保管，谁负责保管。这些问题可以通过学习会计账簿的更换与保管找到答案。

知识准备

一、会计账簿的更换

会计账簿的更换是指在年度结账完毕后，以新账代替旧账。为了便于账簿的使用和管理，一般情况下总分类账、库存现金日记账、银行存款日记账和大部分明细账都应每年更换一次。对于在年度内业务发生量较小，账簿变动不大的部分明细账，如固定资产明细账，可以跨年度连续使用，不必每年更换。各种备查账簿也可以连续使用。

更换账簿时，应将上年度各账户的余额直接计入新年度相应的账簿中，并在旧账簿中各账户年终余额的摘要栏内注明“结转下年”字样。在下一会计年度新建有关会计账簿的第一行余额栏内填写上年结转的余额，并在摘要栏注明“上年结转”字样。各种会计账簿年度结账后，除跨年使用的账簿外，其他账簿应按时整理立卷，装订成册，专人保管，严防丢失和损坏。

小贴士：

新账簿第一行上年结转的余额，不需要编制凭证，也不需要记入借方栏或贷方栏，应直接记入余额栏。

二、会计账簿的保管

会计账簿是会计主体的重要经济档案，在经营管理中具有重要作用。因此每一个会计主体都应按照国家有关规定，对会计账簿进行完善的管理。

账簿日常保管应由各自分管的记账人员负责，未经单位领导和主管会计或其他有权人员批准，不许非经管人员翻阅、查看、摘抄和复制。除非司法介入、审计或者特殊需要，一般不允许任何人携带会计账簿外出。

年度终了，各种账簿在结转下年、建立新账后，一般应将旧账集中统一管理。会计账簿暂由本单位财务部门保管一年，期满后，由本单位财务部门将会计账簿移交本单位的档案部门保管。移交时需要编制移交清册、填写交接清单，交接人员按移交清册和交接清单项目审核无误后签名或盖章。

项目总结

本项目共有六个任务，详细讲解了会计账簿相关知识。

任务一会计账簿概述，主要讲述了会计账簿的含义、作用、内容和分类。会计账簿是指由一定格式的账页组成，以经审核无误的会计凭证为依据，全面、系统、连续地记录各项经济业务的簿籍。会计账簿的种类很多，不同类别的会计账簿可以提供不同的信息，满足不同的需要。

任务二设置与登记会计账簿，主要介绍了账簿登记规则，并详细讲解了日记账和分类账的设置与登记。账簿登记是会计核算的重要环节，为了保证记账工作的质量，使账簿记录正确、真实、清晰和完整，会计人员在记账时，应该严格遵守登记规则。

任务三对账，主要介绍了对账的概念和内容。对账就是核对账目，是对账簿记录所进行的核对工作。通过对账可以及时发现记账过程中的错误，以保证账簿记录的真实、完整和正确，为期末编制会计报表提供可靠的依据。对账包括账证核对、账账核对和账实核对。

任务四结账，主要介绍了结账的概念和方法。结账就是在一定期间（月份、季度、年度）内所发生的经济业务全部登记入账的基础上，结算出各种账簿的本期发生额和期末余额。不同的账户有不同的结账方法。

任务五查找与更正错账，主要介绍了错账的查找方法和更正方法。由于记账差错的具体情况不同，更正错误的方法也不同，一般常用的更正错误的方法有划线更正法、红字更正法和补充登记法三种。

任务六更换与保管会计账簿，主要介绍了会计账簿的更换和会计账簿的保管。会计账簿的更换是指在年度结账完毕后，以新账代替旧账。会计账簿是会计主体的重要经济档案，在经营管理中具有重要作用。因此每一个会计主体都应按照国家有关规定，对会计账簿进行完善的管理。

项目八

开展财产清查

项目导航

知识目标	能力目标
• 掌握财产清查的概念和种类 • 了解财产清查的一般程序 • 掌握货币资金、实物资产和往来款项的清查方法 • 掌握财产清查结果的账务处理	• 能熟练完成各项财产清查工作 • 能熟练编制银行存款余额调节表 • 能对财产清查结果进行准确处理

课程思政

曾子曰:"吾日三省吾身:为人谋而不忠乎?与朋友交而不信乎?传不习乎?"

——《论语·学而》

会计人员提供会计信息要做到内容真实、数字准确、项目完整、手续齐备、资料可靠,就需要按时进行财产清查。而我们每一个会计人员在生活中也要像在会计工作中按时财产清查一样,常常反省自己"替人谋划事情是否竭尽自己的心力了呢?同朋友交往是否诚实可信了呢?老师传授的知识是否复习了呢?"人只有在不断的自我反省中,才能不断提高自己的道德修养,了解自己的各种能力和特点,发挥自己的特长优点帮助自己和他人,避免自己的短处缺点给自己和他人带来麻烦,改善自己的人际关系,让自己与周围的人和谐相处,让自己和家人都感受到生活的幸福。

企业在进行会计核算时，即使加强凭证和账簿的审核，保证账务处理准确，但仍会存在账簿记录和财产物资实存数不一致的情况。企业为了保护财产安全完整，促进资金的合理利用，必须进行定期或不定期的财产清查。财产清查是会计核算方法之一，通过财产清查工作，可以及时发现财产物资在收发、管理、使用中的问题，调整处理账实差异，保证财产物资账实相符。使得会计核算如实记载财产物资的增减变动情况，客观反映变动后的结果，提高会计核算资料的准确性。

任务一　财产清查概述

任务导入

郑州乐康有限公司 2021 年 12 月在年终决算前，为了确保年终决算会计资料真实准确，准备开展一次全面的财产清查工作。企业成立清查小组，主要由企业领导、部门领导、会计和仓库等有关人员组成，由管理层研究、制定工作计划和方法。企业经过一定时间的运营，各项财产物资的账簿记录数和实际数可能会出现差异，为解决这个问题，要根据实际情况开展定期或不定期、全面或局部的财产清查工作。理解和掌握财产清查的概念和意义、财产清查的一般程序，为顺利开展企业的财产清查工作奠定基础。

知识准备

一、认知财产清查

（一）财产清查的概念

财产清查是指通过对货币资金、实物资产和往来款项的盘点或核对，查明一定时点账存数与实存数是否相符的一种专门方法。

财产清查是会计核算方法之一，是企业加强财产管理，如实反映实际财产物资情况的重要手段。在实际工作中，加强凭证和账簿的审核，但仍会存在账实不一致的情况，一般有以下几种原因：

（1）由于会计人员记账差错，在凭证和账簿记录中出现错记、重记和漏记等情况；

（2）财产收发或保管过程中由于自然原因而发生的数量短缺或质量变化；

（3）在财产物资收发过程中由于计量器具问题或检验不准确导致的计量差错；

（4）由于管理者或有关人员工作过失造成收发差错；

（5）由于管理不善导致财产物资的霉烂、毁损、变质等；

（6）由于不法分子贪污、盗窃、舞弊等造成的损失；

（7）由于未达账项导致的账实差异；

（8）由于自然灾害或意外事故造成的非正常损失等。

为了保证会计资料的真实可靠，正确掌握各项财产物资的实际情况，提高会计信息的质量，必须运用财产清查这一专门方法，对各项财产物资进行定期或不定期的盘点核对，查明造成差异的原因，保证账实相符。

（二）财产清查的意义

1. 保护各项财产物资的安全完整

通过财产清查，可以查明各项财产物资制度的执行情况，发现财产管理上存在的问题，建立和健全财产物资管理制度，以便采取有效措施，不断改进财产物资管理工作，保障财产物资的安全完整。

2. 提高会计资料的准确性

通过财产清查，可以查明各项财产物资的实存数。将实存数与账存数进行对比，如果发现不符，确定盘盈或盘亏数，并及时调整账簿记录，使得账实相符，以确保会计资料真实可靠。

3. 加速资金周转，促进财产物资的有效使用

通过财产清查，可以查明财产物资的储备和利用情况。对储备不足的，应及时加以补充，保证生产需要；对积压、呆滞的，应及时处理，避免损失和浪费，充分利用各项财产物资，促进其有效使用。

二、财产清查的种类

（一）按照清查范围分类，可分为全面清查和局部清查

1. 全面清查

全面清查，是指对全部财产物资进行盘点和核对。全面清查范围广、内容多，参加的人员较多。一般来说，发生以下几种情况时需进行全面清查：

（1）年终决算前，为了确保年终决算会计资料真实、正确，需进行一次全面清查财产、核实债务；

（2）单位撤销、分立、合并或改变隶属关系，需进行全面清查；

（3）中外合资、国内联营，需进行全面清查；

（4）开展清产核资，需要进行全面清查；

（5）单位主要负责人调离工作，需要进行全面清查。

2. 局部清查

局部清查，是指根据需要对某一项或某一部分财产进行盘点和核对。其清查的主要对象是流动性较大的财产，如库存现金、原材料、库存商品等。局部清查范围小，内容少，涉及的人也少，但专业性较强，一般包括以下几种情况：

（1）库存现金应由出纳人员在每日业务终了时清点核对，做到日清月结；

（2）银行存款，应由出纳人员每月同银行核对一次；

（3）材料、库存商品等除年度清查外，应轮流盘点或重点抽查；对于贵

重的财产物资，应每月至少清查盘点一次；

（4）债权债务，应在年度内至少核对一至两次，有问题应及时核对，及时解决。在有关人员调动时，也需要进行专题清查。

（二）按照清查时间分类，可分为定期清查和不定期清查

定期清查，是指按照预先计划的时间对财产进行的盘点和核对。定期清查一般在年末、季末、月末进行。这种清查的目的在于保证会计核算资料的真实正确，一般在年末、季末或月末结账前进行。

不定期清查，是指不规定清查日期，根据特殊需要临时进行的盘点和核对。如更换出纳员时对库存现金、银行存款所进行的清查；更换仓库保管员时对其所保管的财产所进行的清查；发生自然灾害或意外损失时所进行的清查等。其目的在于查明情况，明确经济责任。

小贴士：

定期清查和不定期清查，可以是全面清查，也可以是局部清查，应根据实际需要来确定清查的对象和范围。

三、财产清查的一般程序

（1）建立财产清查组织；

（2）组织清查人员学习有关政策规定，掌握有关法律、法规和相关业务知识，以提高财产清查工作的质量；

（3）确定清查对象、范围，明确清查任务；

（4）制定清查方案，具体安排清查内容、时间、步骤、方法，以及必要的清查前准备；

（5）清查时本着先清查数量、核对有关账簿记录，后认定质量的原则进行；

（6）填制盘存清单；

（7）根据盘存清单，填制实物、往来账项清查结果报告表。

任务二　财产清查的方法

任务导入

郑州乐康有限公司2021年12月在开展全面的财产清查工作前，由管理层制定工作计划和方法。对库存现金的清查工作，清查小组指定一名清查人员，在出纳人员在场的情况下，对现金进行逐一清点。对银行存款的清查，要求清查人员将银行存款日记账和银行对账单进行核对，编制银行存款余额调节表。对存货和固定资产的清查，要求清查人员采用实地盘点法，认真填写盘存单。对往来款项的清查采用发函询证的方式。企业在开展财产清查工作时，要根据各项财产物资的特征属性，采用不同的方法进行清查。理解和掌握各项财产物资的清查方法，准确掌握清查工作的流程，为保证清查结果准确完整打好基础。

知识准备

一、货币资金的清查方法

（一）库存现金的清查

库存现金的清查是采用实地盘点法进行的，通过逐张清点确定库存现金的实存数，然后与库存现金日记账的账面余额相核对，确定账实是否相符。

库存现金的清查除出纳人员做到每日清查外，单位还应组织清查人员对库存现金进行定期或不定期清查。在进行库存现金清查时，为了明确经济责任，出纳人员必须在场，在清查过程中不能用白条抵库。清查人员还应审核现金收、付凭证是否合理合法，有关账簿记录是否有误。库存现金盘点后，应根据盘点情况填制“库存现金盘点报告表”。“库存现金盘点报告表”应由盘点人和出纳人员共同签章方能生效。其格式如表 8－1 所示。

表 8－1　　库存现金盘点报告表

单位名称：　　　年　　月　　日　　　　单位：元

实存金额	账存金额	对比结果		备注
		盘盈	盘亏	

盘点人（签章）：　　　　出纳员（签章）：

银行存款余额调节表的编制

（二）银行存款的清查

银行存款的清查方法与库存现金的清查方法不同，应采用对账单法，就是将本单位银行存款日记账的账簿记录与开户银行的对账单进行逐笔核对，查明银行存款的实有数。

企业的银行存款日记账和银行对账单记录的都是银行存款的收支业务，一笔经济业务发生以后，在企业和银行都要进行记账，所以理论上，两者的账务应该是相同的。但在实际工作中，银行存款日记账余额和对账单余额往往不一致，导致银企双方账目不一致的原因主要有记账差错和未达账项。

（1）记账差错是指银行或企业记账时发生的单方或双方错误。企业的记账错误表现在编制记账凭证错误或银行存款日记账记录错误。企业原因造成的记账差错要及时查清，按照会计基础工作规范的相关规定进行更正。如发现银行记账错误，应及时提醒银行进行更正。

（2）未达账项是指企业与银行之间对于同一项业务，由于取得凭证的时间不同，导致记账时间不一致，一方已取得凭证并已登记入账，而另一方尚未取得凭证尚未入账的款项。未达账项一般分为以下四种情况：

①企业已收，银行未收；即企业已收款记账，银行未收款记账的款项。如企业销售商品将支票送存银行，企业根据进账单的回单联登记入账，而银行尚未收妥款项，尚未记账。

②企业已付，银行未付；即企业已付款记账，银行未付款记账的款项。如企业开出转账支票购买原材料，企业根据支票存根登记入账，而收款方尚未到银行办理转账手续，银行未付款，未记账。

③银行已收，企业未收；即银行已收款记账，企业未收款记账的款项。如外地某单位汇入银行货款，银行收到汇款后登记入账，而企业尚未收到汇款凭证，尚未入账。

④银行已付，企业未付；即银行已付款记账，企业未付款记账的款项。如银行代扣企业水电费，银行已付款入账，而企业尚未收到付款凭证，尚未入账。

上述任何一种未达账项的存在，都会使企业银行存款日记账的余额与银行对账单的余额不一致。所以在与银行对账时，首先应查明是否存在未达账项，如果存在未达账项，应编制“银行存款余额调节表”，据以调节双方的账面余额，确定企业银行存款实有数。其格式如表 8－2 所示。

表 8－2　　银行存款余额调节表

单位名称：　　年　月　日　　　　单位：元

项目	金额	项目	金额
企业银行存款日记账余额		银行对账单余额	
加：银行已收、企业未收款 减：银行已付、企业未付款		加：企业已收、银行未收款 减：企业已付、银行未付款	
调节后的存款余额		调节后的存款余额	

银行存款余额调节表主要有以下作用：

（1）调节后的余额如果相等，则表明双方记账基本正确，该余额表示企业可动用的银行存款实有数。

（2）调节后的余额如果不相等，通常说明一方或双方记账有误，需进一步追查，查明原因后予以更正和处理。

（3）银行存款余额调节表是一种对账记录或对账工具，不能作为调整账面记录的依据，即不能根据银行存款余额调节表中的未达账项来调整银行存款账面记录，未达账项只有在收到有关凭证后才能进行有关的账务处理。

小贴士：

企业应分别按银行账户开设“银行存款日记账”，月底应将各账户的“银行存款日记账”与“银行对账单”进行核对，分别编制“银行存款余额调节表”。

二、实物资产的清查方法

实物资产的清查主要包括存货和固定资产的清查。实物资产的清查就是对实物资产在数量和质量上所进行的清查。由于实物资产种类繁多，数量大，实物形态、体积、重量等各不相同，在清查时应根据特点选用不同的清查方法。常用的清查方法主要有实地盘点法和技术推算盘点法。

（一）实地盘点法

实地盘点法，是指将财产物资存放现场逐一清点数量或用计量仪器确定其实存数的方法。这种方法适用范围较广，大多数财产物资的清查都使用该种方法。这种方法盘点数字准确，但是工作量大，应事先按照财产物资的实物形态进行科学的码放，有助于提高盘点的速度和质量。

（二）技术推算盘点法

技术推算盘点法，是指利用技术方法推算财产物资实存数的方法。该方法主要适用于那些大量成堆、难以逐一清点的物资，如露天堆放的煤炭、砂石等。

为明确经济责任，盘点时有关财产物资的保管人员必须在场并参与盘点工作。各项财产物资盘点结果，应如实登记在“盘存单”上，并由盘点人员和实物保管人员同时签章，作为各项财产物资实存数额的书面证明。其格式如表8－3所示。

表8－3　盘存单

单位名称：　　盘点时间：　　编号：

财产类别：　　存放地点：

序号	名称	规格	计量单位	实存数量	单价	金额	备注

盘点人（签章）：　　保管人（签章）：

盘点结束后，会计人员要根据“盘存单”和账簿记录填制“实存账存对比表”（也称“盘盈或盘亏报告表”），用以确定财产物资盘盈或盘亏的数额。实存账存对比表是分析差异原因，明确经济责任的重要依据。其格式如表8－4所示。

表8－4　实存账存对比表

单位名称：　　年　月　日

序号	名称	规格	计量单位	单价	实存		账存		盘盈		盘亏		备注
					金额	数量	金额	数量	金额	数量	金额	数量	

盘点人（签章）：　　保管人（签章）：

三、往来款项的清查方法

往来款项主要包括应收、应付款项和预收、预付款项等。往来款项的清查一般采用发函询证的方法与对方单位账面进行核对。企业在进行往来款项的清查之前，应先检查本单位的往来款项账簿记录是否正确，再按照往来单位编制“往来款项对账单”，派人或寄送至对方单位。如果核对相符，对方单位应在回单联上加盖公章退回；如果核对不符，对方单位应在回单联上注明情况退回本单位，以便查明原因，进一步核对，直到相符为止。“往来款项对账单”如表8－5所示。

表8－5

往来款项对账单

××单位：

你单位××年××月××日到我单位购A产品1 000件，已付货款50 000元，尚有40 000元货款未付，请核对后将回联单寄回。

清查单位：（盖章）

年　　月　　日

请沿此虚线裁开，将以下回单联寄回！

往来款项对账单（回单联）

××清查单位：

（1）贵单位寄来的“往来款项对账单”已收到，经核对相符无误。

（2）经核对，我单位的往来款项与贵单位送达的对账单金额不符，我单位账面金额如下：

××单位：（盖章）

年　　月　　日

往来款项清查结束后，应将清查结果编制“往来款项清查结果报告表”。对于有争议的款项应详细说明情况，及时与对方单位协商处理，避免或减少损失；对于确实无法收回、无法支付的款项应进行核销处理，并在备查簿上进行记录。“往来款项清查结果报告表”如表8－6所示。

表8－6　往来款项清查结果报告表

单位名称：　　　　年　月　日　　　　单位：元

债券债务单位	账面结存金额	对方结存金额	清查结果		差异原因和金额			备注
			相符	不相符	争议款项	未达账项	其他	

单位主管（签章）：　　　　清查人员（签章）：

任务实施

任务实施一　银行存款的清查

步骤一：根据经济业务、结算凭证和金额等资料逐笔核对银行存款日记账（见图 8－1）与开户银行对账单（见图 8－2）。凡双方都有记录的，用铅笔在金额旁打上“√”

步骤二：找出银行存款日记账和银行对账单中没有打“√”的款项，即未达账项

步骤三：将银行存款日记账和对账单的月末余额及找出的未达账项填入“银行存款余额调节表”（见图 8－3），并计算出调整后的余额

步骤四：将调整平衡的“银行存款余额调节表”经主管会计签章，如果未平衡，还需查找账簿记录是否有误，直至平衡

郑州乐康有限公司 2021 年 3 月银行存款日记账和银行对账单如图所示，据此编制银行存款余额调节表。

银行存款日记账—农行（1153）

2021年 月	日	凭证号数	摘要	对账√	借方（亿千百十万千百十元角分）	贷方（亿千百十万千百十元角分）	借或贷	余额（亿千百十万千百十元角分）
3	1		期初余额				借	25000000
3	5	记6	付购料款			20000000 √	借	5000000
3	6	记10	付运费			100000 √	借	4900000
3	15	记21	收销货款		23500000 √		借	28400000
3	26	记35	付购料款			9000000 √	借	19400000
3	27	记38	付修理费			450000	借	18950000
3	29	记41	收销货款		15000000		借	33950000
3	31		本月合计		38500000	29550000	借	33950000

图 8－1

中国农业银行 AGRICULTURAL BANK OF CHINA　对账单

户名：郑州乐康有限公司
账号：14-20011574001153　币种：人民币　单位：元　第 1 页

日期	摘要	凭证号码	借方发生额	贷方发生额	借/贷	余额	传票号
	上页余额				贷	250000.00	
20210306	转账收入			235000.00 √	贷	485000.00	
20210308	转账支出		1000.00 √		贷	484000.00	
20210308	转账支出		200000.00 √		贷	284000.00	
20210320	转账支出		23000.00		贷	261000.00	
20210325	转账收入			61200.00	贷	322200.00	
20210326	转账支出		90000.00 √		贷	232200.00	
	本页汇总		314000.00	296200.00	贷	232200.00	

图 8－2

银行存款余额调节表

单位名称：郑州乐康有限公司　　2021 年 3 月 31 日　　单位：元

项目	金额	项目	金额
企业银行存款日记账余额	339 500	银行对账单余额	232 200
加：银行已收、企业未收款	61 200	加：企业已收、银行未收款	150 000
减：银行已付、企业未付款	23 000	减：企业已付、银行未付款	4 500
调节后的存款余额	377 700	调节后的存款余额	377 700

图 8－3　作业成本法的计算过程

任务实施二　编制银行存款余额调节表

步骤一：根据经济业务判断属于未达账项的哪一项

步骤二：根据判断填列到银行存款余额调节表的适当位置上

步骤三：注意调节后的余额是否相等，若不等肯定填列有误

郑州乐康有限公司 2021 年 4 月银行存款日记账账面余额为 139 180 元，开户银行送来的对账单所列示本企业存款余额 141 380 元，经逐笔核对，发现未达账项如下：

（1）4 月 28 日，企业为支付材料款开出转账支票一张，计 15 000 元，持票人尚未到银行办理进账手续；

（2）4 月 30 日，企业收到客户货款转账支票一张，计 20 000 元，尚未到银行办理进账手续；

（3）4 月 30 日，银行代扣企业电费 1 000 元，企业尚未付款通知及电费发票而未入账；

（4）4 月 30 日，外地某单位汇入银行货款 8 200 元，银行收到汇款后登记入账，企业尚未收到汇款凭证而未入账。

请根据以上未达账项编制银行存款余额调节表（见表 8－7）。

表 8－7　　银行存款余额调节表

单位名称：郑州乐康有限公司　　2021 年 4 月 30 日　　单位：元

项目	金额	项目	金额
企业银行存款日记账余额	139 180	银行对账单余额	141 380
加：银行已收、企业未收款	8 200	加：企业已收、银行未收款	20 000
减：银行已付、企业未付款	1 000	减：企业已付、银行未付款	15 000
调节后的存款余额	146 380	调节后的存款余额	146 380

任务三 确认、计量财产清查结果

任务导入

郑州乐康有限公司2021年12月在完成财产物资清查工作时，发现有以下账实不相符项目：库存现金盘亏400元；乙材料盘亏40千克；短缺设备一台，账面原价40 000元，已提折旧13 000元；无法支付的应付账款15 600元。企业在财产清查工作完成后，要根据清查结果分析产生差异的原因，根据财产物资的实存数调整账簿记录。理解财产清查结果的处理步骤，准确掌握财产清查结果的账务处理。

知识准备

在财产清查工作完成后，应根据财产物资的实存数调整账面记录，保证账实相符，提高财务资料的可靠性。对盘盈、盘亏、变质、毁损的物资应认真核查，分析原因，及时报送处理，提高企业经营管理水平。

一、财产清查结果处理的要求

1. 分析产生差异的原因和性质，提出处理建议。

财产清查工作结束后，企业应根据清查结果确认的盘盈、盘亏及毁损变质的财产物资，调查分析产生差异的原因，明确经济责任，并及时报送审批部门处理。

2. 积极处理多余积压财产，清理往来款项。

通过财产清查，可以发现企业财产物资的利用情况。对呆滞、积压的物资要停止采购，合理利用或出售，降低企业库存成本。对确实无法收回和无法支付的款项要做核销处理，并在备查簿上做好记录。

3. 总结经验教训，建立健全各项规章制度。

对财产清查工作中发现的问题要及时解决，建立健全财产物资的管理制度，提高保管人员的责任意识，加强岗位责任制，以确保财产物资的安全完整。

4. 及时调整账簿记录，保证账实相符。

在财产清查工作完成后，应认真分析产生差异的原因，认真核查财产物资的实存数，并以相关原始凭证为依据编制记账凭证，调整有关账簿记录，保证账实相符。

二、财产清查结果的处理步骤

1. 审批之前的处理

在财产清查工作中发现的盘盈、盘亏或毁损的财产物资，在报经有关领导审批之前，根据“库存现金盘点报告表”“实存账存对比表”等已经查实的数据资料，填制记账凭证，在账簿上如实反映，使账存数与实存数一致。同时，根据企业的管理权限，将处理建议报股东大会或董事会，或经理（厂长）会议或类似机构批准。

2. 审批之后的处理

企业清查的各种财产的损溢，应于期末前查明原因，并根据企业的管理权限，经股东大会或董事会，或经理（厂长）会议或类似机构批准后，在期末结账前处理完毕。企业应严格按照有关部门关于财产清查结果提出的批复意见填制记账凭证，登记有关账簿，并追回由于责任者原因造成的财产损失。

期末结账前，如果企业清查的各种财产的损失和溢余未报经批准，在对外提供财务报表时，先按上述规定进行处理，并在附注中作出说明；其后批准处理的金额与已处理金额不一致的，调整财务报表相关项目的年初数。

三、财产清查结果的账务处理

（一）账户的设置

为了正确反映企业在财产清查过程中各种财产物资的盘盈、盘亏、毁损及其处理情况，应设置“待处理财产损溢”账户。该账户属于双重性质的资产类账户，下设“待处理流动资产损溢”和“待处理固定资产损溢”两个明细分类账户进行明细分类核算。该账户的借方登记财产物资的盘亏及毁损数和批准转销的财产物资盘盈数；贷方登记财产物资的盘盈数和批准转销的财产物资盘亏及毁损数。该账户借方如有余额表示尚待处理的净损失；贷方如有余额表示尚待处理的净溢余。对于企业清查的各种财产的盘盈、盘亏和毁损应在期末结账前处理完毕，所以该账户在期末结账后没有余额。

（二）财产清查结果的账务处理

1. 库存现金清查结果的账务处理

（1）库存现金盘盈的账务处理。库存现金盘盈时，应认真核查账簿记录，及时办理库存现金的入账手续，调整库存现金账簿记录，即按盘盈的金额借记“库存现金”科目，贷记“待处理财产损溢——待处理流动资产损溢”科目。

对于盘盈的库存现金，查明原因并按管理权限报经批准后，按盘盈的金额借记“待处理财产损溢——待处理流动资产损溢”科目，按需要支付或退还有关人员的金额贷记“其他应付款”科目，按无法查明原因的金额贷记“营业外收入”科目。

（2）库存现金盘亏的账务处理。库存现金盘亏时，应及时办理盘亏的确认手续，调整库存现金账簿记录，即按盘亏的金额借记“待处理财产损溢——待处理流动资产损溢”科目，贷记“库存现金”科目。

对于盘亏的库存现金，查明原因并按管理权限报经批准后，按应由责任人赔偿或由保险公司赔偿的金额借记“其他应收款”科目，按无法查明原因的金额借记“管理费用”科目，按原记入“待处理财产损溢——待处理流动资产损溢”科目借方的金额贷记该科目。

盘盈：库存现金多了

实物资产 > 账面记录

实物资产 = 账面记录 ↑

批准前：

借：库存现金

　　贷：待处理财产损溢

批准后：

借：待处理财产损溢

　　贷：营业外收入

待处理财产损溢	
盘盈转销	盘盈
盘亏	盘亏转销

盘亏：库存现金少了

实物资产 < 账面记录

实物资产 = 账面记录 ↓

批准前：借：待处理财产损溢

　　　　　贷：库存现金

批准后：借：管理费用

　　　　　贷：待处理财产损溢

2. 存货清查结果的账务处理

（1）存货盘盈的账务处理。存货盘盈时，应及时办理入账手续，调整存货的账簿记录。盘盈的存货应按其重置成本作为入账价值借记“原材料”“库存商品”等科目，贷记“待处理财产损溢——待处理流动资产损溢”科目。

对于盘盈的存货，查明原因并按管理权限报经批准后，冲减管理费用，即按其入账价值，借记“待处理财产损溢——待处理流动资产损溢”科目，贷记“管理费用”科目。

（2）存货盘亏的账务处理。存货盘亏时，应按盘亏的金额借记“待处理财产损溢——待处理流动资产损溢”科目，贷记“原材料”“库存商品”等科目。材料、产成品、商品采用计划成本（或售价）核算的，还应同时结转成本差异（或商品进销差价）。涉及增值税的，还应进行相应处理。

对于盘亏的存货，查明原因并按管理权限报经批准后，按可收回的过失人赔偿和保险赔偿的金额借记“其他应收款”科目，按管理不善、定额损耗等原因造成净损失的金额借记“管理费用”科目，按自然灾害、意外事故等原因造成净损失的金额借记“营业外支出”科目，按可收回残料的金额借记“原材料”科目，按原记入“待处理财产损溢——待处理流动资产损溢”科目借方的金额贷记该科目。

3. 固定资产清查结果的账务处理

（1）固定资产盘盈的核算。企业在财产清查中盘盈的固定资产，应作为前期差错处理。盘盈的固定资产通常按其重置成本作为入账价值借记“固定资产”科目，贷记“以前年度损益调整”科目。涉及增值税、所得税和盈余公积的，还应按相关规定处理。

（2）企业发生固定资产盘亏。固定资产盘亏时，按盘亏固定资产的账面价值，借记“待处理财产损溢——待处理固定资产损溢”科目，按已提折旧额，借记“累计折旧”科目，按固定资产的原价，贷记“固定资产”科目。涉及增值税和递延所得税的，还应按相关规定处理。

对于盘亏的固定资产，查明原因并按管理权限报经批准后，按可收回的过失人赔偿和保险赔偿的金额借记“其他应收款”科目，按盘亏固定资产的净损失借记“营业外支出”科目，按盘亏固定资产的账面价值，贷记“待处理财产损溢——待处理非流动资产损溢”科目。

盘盈：实物资产 > 账面记录

作为前期差错处理，调增前期留存收益，需要分三步进行：

第一步，以重置价值增加固定资产，并调整前期损益

借：固定资产（重置价值）①

　　贷：以前年度损益调整①

第二步，计算应补交的企业所得税

借：以前年度损益调整② = ① × 25%

　　贷：应交税费——应交所得税② = ① × 企业所得税率 25%

第三步，将对前期损益的影响，计入留存收益

借：以前年度损益调整① - ②

　　贷：盈余公积（① - ②）×10%

　　　　利润分配——未分配利润（① - ②）×90%

盘亏：实物资产 < 账面记录

批准前：

借：待处理财产损溢——待处理非流动资产损溢

　　累计折旧

　　贷：固定资产

批准后：

借：其他应收款

营业外支出

贷：待处理财产损溢——待处理非流动资产损溢

4. 往来款项清查结果的账务处理

在财产清查过程中发现的长期未结算的往来款项，应及时清查。对于经查明确实无法支付的应付款项可按规定程序报经批准后，转作“营业外收入”。对于无法收回的应收款项则作为坏账损失冲减“坏账准备”。坏账是指企业无法收回或收回的可能性极小的应收款项。由于发生坏账而产生的损失，称为坏账损失。对于已确认为坏账的应收款项，并不意味着企业放弃了追索权，一旦重新收回，应及时入账。

任务实施

任务实施一　库存现金清查结果的账务处理

步骤一：库存现金清查后，应及时调整库存现金账簿记录

步骤二：查明原因并按管理权限报经批准后，进行账务处理

1. 郑州乐康有限公司 2021 年 11 月 30 日财产清查中，现金盘盈 315 元。经查上述库存现金长款无法查明原因，报经有关部门批准后进行会计处理。

（1）报经批准前，根据“库存现金盘点报告表”确定的盘盈数，调整账面记录：

借：库存现金　　315

　　贷：待处理财产损溢——待处理流动资产损溢　　315

（2）报经批准后：

借：待处理财产损溢——待处理流动资产损溢　　315

　　贷：营业外收入　　315

2. 郑州乐康有限公司 2021 年 12 月 31 日财产清查中，现金盘亏 400 元。经查上述库存现金短缺中 100 元应由出纳人员赔偿，另 300 元无法查明原因，报经有关部门批准后进行会计处理。

（1）报经批准前，根据“库存现金盘点报告表”确定的盘亏数，调整账面记录：

借：待处理财产损溢——待处理流动资产损溢　　400

　　贷：库存现金　　400

（2）报经批准后：

借：其他应收款——出纳 XX　　100

　　管理费用　　300

　　贷：待处理财产损溢——待处理流动资产损溢　　400

（3）收到出纳人员赔偿现金 100 元：

借：库存现金　　100
　　贷：其他应收款——出纳 XX　　100

任务实施二　存货清查结果的账务处理

步骤一：及时办理入账手续，调整存货的账簿记录

步骤二：查明原因并按管理权限报经批准后，进行账务处理

1. 郑州乐康有限公司 2021 年 11 月 30 日财产清查中盘盈甲材料 100 千克，该材料的实际成本为每千克 30 元。经查明，材料盘盈是收发计量误差所造成，报经有关部门批准后进行会计处理。

（1）报经批准前，根据“实存账存对比表”确定的盘盈数，调整账面记录：

借：原材料——甲材料　　3 000
　　贷：待处理财产损溢——待处理流动资产损溢
　　　　3 000

（2）报经批准后：

借：待处理财产损溢——待处理流动资产损溢　　3 000
　　贷：管理费用　　3 000

2. 郑州乐康有限公司 2021 年 12 月 31 日财产清查中盘亏乙材料 40 千克，每千克 100 元。经查明，属于定额内损耗 5 千克；属于过失人造成的有责任人赔偿的 10 千克；属于自然灾害造成的损失 25 千克，但由保险公司赔偿 1 200元。(假定不考虑增值税)

（1）报经批准前，根据“实存账存对比表”确定的盘亏数，调整账面记录：

借：待处理财产损溢——待处理流动资产损溢　　4 000
　　贷：原材料——乙材料　　4 000

（2）报经批准后：

借：管理费用　　500
　　其他应收款——过失人 XX　　1 000
　　　　——保险公司　　1 200
　　营业外支出　　1 300
　　贷：待处理财产损溢——待处理流动资产损溢　　4 000

任务实施三　固定资产清查结果的账务处理

步骤一：及时办理入账手续，调整固定资产的账簿记录

步骤二：固定资产盘亏时，查明原因并按管理权限报经批准后，进行账务处理

1. 郑州乐康有限公司 2021 年 11 月 30 日，发现一台未入账的设备，重置成本为 30 000 元（假定与其计税基础不存在差异）。

借：固定资产 30 000
　　贷：以前年度损益调整 30 000

2. 郑州乐康有限公司 2021 年 12 月 31 日财产清查中，发现短缺设备一台，账面原价 40 000 元，已提折旧 13 000 元（假定不考虑增值税）。

（1）报经批准前，根据“实存账存对比表”确定的盘亏数，调整账面记录：

借：待处理财产损溢——待处理固定资产损溢 17 000
　　累计折旧 13 000
　　贷：固定资产 40 000

（2）报经批准后：

借：营业外支出 17 000
　　贷：待处理财产损溢——待处理固定资产损溢 17 000

任务实施四　往来款项清查结果的账务处理

步骤一：根据经济业务性质判断所采用的会计科目

步骤二：及时办理入账手续，调整往来款项的账簿记录

郑州乐康有限公司 2021 年 12 月 31 日无法支付的应付账款 15 600 元，报经有关部门批准后进行会计处理。

借：应付账款 15 600
　　贷：营业外收入 15 600

项目总结

本项目共有三个任务，详细讲解了财产清查工作。

任务一主要讲述了财产清查的概念和意义，财产清查的种类可按财产清查范围和财产清查时间分类，财产清查的一般程序。理清财产清查工作思路，为后续内容打好基础。

任务二主要讲述了库存现金、银行存款、实物资产、往来款项的清查方法；清查工作结束后编制“库存现金盘点报告表”“银行存款余额调节表”“盘存单”“实存账存对比表”“往来款项清查报告表”等的方法。

任务三主要讲述了财产清查结果的处理要求和处理步骤；“待处理财产损溢”账户的性质和结构；货币资金、存款、固定资产、往来款项清查结果的账务处理方法，分别按照审批之前和审批之后的步骤进行账务处理，并进行举例讲解。

项目九

确定账务处理程序

项目导航

知识目标	能力目标
● 了解账务处理程序的意义和种类 ● 熟悉各种账务处理程序的特点、优缺点和适用范围 ● 掌握各种账务处理程序的核算步骤及其异同	● 能够熟练地运用记账凭证账务处理程序处理经济业务 ● 能够编制科目汇总表，并运用科目汇总表账务处理程序处理经济业务

课程思政

用百折不回的毅力，有计划地克服所有的困难。

——毛泽东

要顺利地开展会计工作，会计人员必须详细了解企业生产经营的特点，针对企业的特点，选择适合企业的账务处理程序。这就像在生活中，我们要根据我们每一个人的自身情况和我们自己的愿望，合理规划我们的人生，正确安排我们生活中的各种事宜，“用百折不回的毅力，有计划地克服所有的困难”，实现我们的人生梦想。

从前面的项目中我们学习到，当企业发生了经济业务时，首先填制或取得原始凭证，再依据原始凭证填制记账凭证，依据会计凭证登记账簿，账簿记录又成为编制会计报表的主要依据，这样的一个会计信息的处理过程，我们在会计上称为账务处理程序。一个单位的性质、规模和业务繁复程度决定其适用的账务处理程序。不同的账务处理程序，对登记总分类账的依据和方法要求不同。

为此，各单位必须从各自的实际情况出发，科学地组织本单位账务的处理程序，以保证会计核算工作高效、高质，充分发挥会计核算、监督的基本职能，并为参与企业经营决策打下良好的基础，以有效地实现会计的管理功能。

任务一　账务处理程序概述

任务导入

郑州乐康有限公司2021年1月1日成立时是由李明和张辉共同投资设立，注册资本为人民币100万元。该公司3月发生如下一些交易：

（1）收到乐趣超市订购杯子的定金2 000元；

（2）从银行提取现金1 500元；

（3）以银行存款支付短期借款利息900元；

（4）从永久公司购入2 000元的太空玻璃；

（5）赊购5 000元的机器设备；

（6）向乐趣超市发出商品，价款4 100元。

思考：如果你是该企业的会计人员，你将对上述经济业务如何进行完整的账务处理？

知识准备

一、账务处理程序的含义与意义

（一）账务处理程序的含义

账务处理程序也叫会计核算程序，是对会计数据的记录、归类、汇总、列报的步骤和方法。即从原始凭证的整理、汇总，记账凭证的填制、汇总，日记账、明细分类账、总分类账的登记，到会计报表编制的步骤和方法。不同的账务处理程序规定了填制会计凭证、登记账簿、编制会计报表的方法和步骤不同。

账务处理程序的基本模式可概括为：

原始凭证──→记账凭证──→会计账簿──→会计报表

（二）账务处理程序的意义

会计核算程序是企业会计制度的基本内容之一，它规定了一个企业记账和产生会计信息的步骤和方法。选用适合会计主体经济业务特点和管理要求的会计核算程序，对会计核算工作有着重要意义。

选择正确、合理的账务处理程序，对于实现会计工作的合理化、标准化和科学化，保证会计信息的质量，实现会计目标，提高会计工作的质量和效率，加强会计监督，为正确、及时地编制财务会计报告，提供全面、连续、系统、清晰的会计核算资料，满足企业内外会计信息使用者的需要，更好地完成会计的各项任务具有十分重要的作用。

二、账务处理程序的种类

账务处理程序有多种形式，由各单位自主选用。目前，我国各经济单位通常采用的账务处理程序有记账凭证账务处理程序、汇总记账凭证账务处理程序和科目汇总表账务处理程序。

不同账务处理程有相同之处也有不同之处，其共同点在于都要经过以下几个程序：①都要依据原始凭证编制记账凭证；②都要依据记账凭证以及其后面所附的原始凭证登记各种明细账；③期末，将日记账和明细账余额分别与有关总分类账余额相核对；④期末，根据总账和明细账编制会计报表。

不同账务处理程序的区别，主要在于登记总分类账的依据和方法不同。不同的账务处理程序都有其优缺点，各单位应该依据国家统一规定的会计制度的要求，结合本单位的实际情况，在保证会计质量、提高核算效率、遵循成本效益原则的基础上，选择适合自己企业的核算形式。

账务处理程序对比如图 9－1 所示。

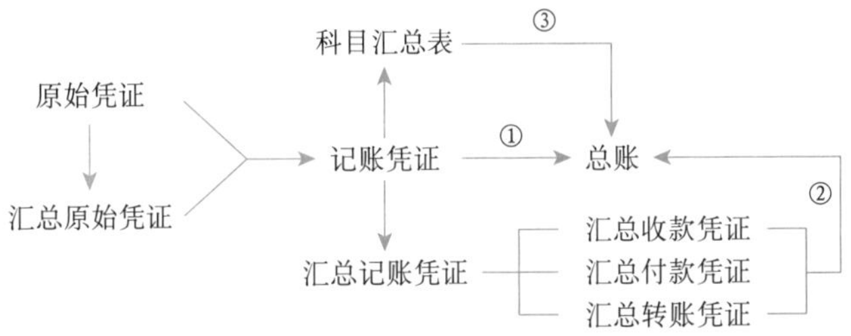

图 9－1 账务处理程序对比

任务二 应用记账凭证账务处理程序

任务导入

郑州乐康有限公司在创建之初，经济业务较少，编制的记账凭证较少，如果你是该企业的会计人员，你将选择哪种账务处理程序进行会计核算？

知识准备

在记账凭证账务处理程序下，记账凭证可以采用收款凭证、付款凭证和转账凭证等专用记账凭证，也可以采用通用记账凭证。账簿一般应设置库存现金日记账、银行存款日记账、明细分类账和总分类账。其中，现金日记账、银行存款日记账和总分类账可以采用三栏式。明细分类账的具体账页格式可根据业务特点和管理需要来设置，一般可采用三栏式、多栏式和数量金额式等。

一、一般步骤

记账凭证账务处理程序的一般步骤是：

（1）根据原始凭证编制汇总原始凭证；

（2）根据原始凭证或汇总原始凭证，编制收款凭证、付款凭证和转账凭证，也可以编制通用记账凭证；

（3）根据收款凭证、付款凭证序时逐笔登记现金日记账和银行存款日记账；

（4）根据原始凭证、汇总原始凭证和记账凭证，登记各种明细分类账；

（5）根据记账凭证逐笔登记总分类账；

（6）期末，将库存现金日记账、银行存款日记账和明细分类账的余额与有关总分类账的余额核对；

（7）期末，根据总分类账和明细分类账的记录编制财务报表。

记账凭证账务处理程序的记账程序如图 9－2 所示。

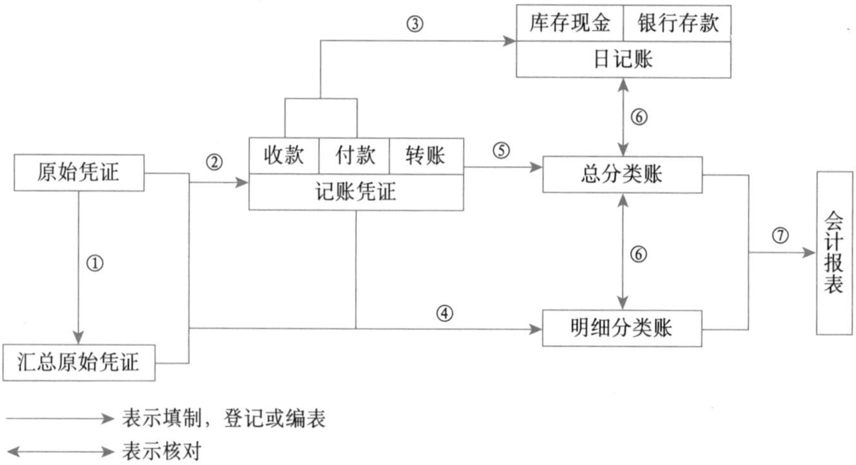

图 9－2 记账凭证账务处理程序的记账程序

小贴士：

在记账凭证账务处理程序下，记账凭证一般采用收款凭证、付款凭证、转账凭证三种格式，如果单位业务较少，也可以采用通用记账凭证。账簿应设置现金日记账、银行存款日记账、总账和各种明细账。

二、记账凭证账务处理程序的内容

（一）特点

记账凭证账务处理程序的特点是直接根据记账凭证逐笔登记总分类账。记账凭证账务处理程序是最基本的账务处理程序，其他各种账务处理程序基本上是在这种账务处理程序上发展和演变而形成的。

（二）优缺点

记账凭证账务处理程序的优点是简单明了，易于理解，并且在账簿中能够反映经济业务的来龙去脉，直观地反映会计处理的全过程；缺点是由于登记总账是根据记账凭证逐笔登记的，倘若企业规模大、经济业务量多，势必登记总账的工作量相对也就很大。

（三）适用范围

该账务处理程序适用于规模较小、经济业务量较少的单位。

任务三　应用汇总记账凭证账务处理程序

任务导入

郑州乐康有限公司随着企业的不断发展，规模不断壮大，经济业务量较多，记账凭证数量也很多。如果你是该企业的会计人员，为简化登记总账的工作量，同时能够明确反映账户之间的对应关系，你将选择哪种账务处理程序进行会计核算？

知识准备

汇总记账凭证账务处理程序是根据原始凭证或汇总原始凭证编制记账凭证，再定期根据记账凭证分类编制汇总收款凭证、汇总付款凭证和汇总转账凭证（也可采用通用的统一格式），然后根据汇总记账凭证登记总分类账的一种账务处理程序。

一、汇总记账凭证的种类及编制方法

汇总记账凭证分为汇总收款凭证、汇总付款凭证和汇总转账凭证三种。汇总记账凭证的编制是按每个账户设置，并按账户借方或贷方的对应账户进行汇总。

（一）汇总收款凭证的编制

汇总收款凭证是指按“库存现金”和“银行存款”账户的借方分别设置的一种汇总记账凭证。它汇总了一定时期内库存现金和银行存款的收款业务。

汇总收款凭证的编制方法是将一定时期内全部库存现金和银行存款收款凭证，分别按其对应贷方科目进行归类，计算出每一贷方科目发生额合计数，填入汇总收款凭证中。一般可5天、10天或15天汇总一次，月终计算出合计数，据以登记总分类账。

（二）汇总付款凭证的编制

汇总付款凭证是指按“库存现金”和“银行存款”账户的贷方分别设置的一种汇总记账凭证。它汇总了一定时期内库存现金和银行存款的付款业务。

汇总付款凭证的编制方法是将一定时期内全部库存现金和银行存款付款凭证，分别按其对应借方科目进行归类，计算出每一借方科目发生额合计数，填入汇总付款凭证中。一般可5天、10天或15天汇总一次，月终计算出合计数，据以登记总分类账。

（三）汇总转账凭证的编制

汇总转账凭证通常根据所设置账户的贷方进行编制。汇总转账凭证是在对所设置账户相对应的借方账户分类之后，进行汇总编制。总分类账根据各汇总转账凭证的合计数进行登记，分别记入对应账户的总分类账的贷方，并将汇总转账凭证上各账户借方的合计数分别记入有关总分类账户的借方。值得注意的是，在编制的过程中贷方账户必须唯一，借方账户可一个或多个，即转账凭证必须一借一贷或多借一贷。

如果在一个月内某一贷方账户的转账凭证不多，可不编制汇总转账凭证，直接根据单个的转账凭证登记总分类账。

汇总收款凭证、汇总付款凭证、汇总转账凭证的格式见表 9－1 至 9－3。

表 9－1　　汇总收款凭证

借方科目：　　年　月　　汇收　号

贷方科目	金额				总账页数	
	1～10 日收字号	11～20 日收字号	21～30 日收字号	合计	借方	贷方

会计主管　　审核　　填制　　记账

表 9－2　　汇总付款凭证

贷方科目：　　年　月　　汇付　号

借方科目	金额				总账页数	
	1～10 日付字号	11～20 日付字号	21～30 日付字号	合计	借方	贷方

会计主管　　审核　　填制　　记账

表 9－3　　汇总转账凭证

贷方科目：　　年　月　　汇转　号

借方科目	金额				总账页数	
	1～10 日转字号	11～20 日转字号	21～30 日转字号	合计	借方	贷方

会计主管　　审核　　填制　　记账

小贴士：

在汇总记账凭证账务处理程序下，记账凭证一般采用收款凭证、付款凭证和转账凭证三种格式，并相应编制汇总收款凭证、汇总付款凭证和汇总转账凭证。账簿和报表设置与记账凭证账务处理程序基本相同，只是总账在格式上一般要求在借方和贷方栏分别设置对方科目一栏，以便更好地反映交易和事项涉及的账户对应关系。

二、一般步骤

汇总记账凭证账务处理程序的一般步骤是：

（1）根据原始凭证填制汇总原始凭证；

（2）根据原始凭证或汇总原始凭证，填制收款凭证、付款凭证和转账凭证，也可以填制通用记账凭证；

（3）根据收款凭证、付款凭证逐笔登记库存现金日记账和银行存款日记账；

（4）根据原始凭证、汇总原始凭证和记账凭证，登记各种明细分类账；

（5）根据各种记账凭证编制有关汇总记账凭证；

（6）根据各种汇总记账凭证登记总分类账；

（7）期末，将库存现金日记账、银行存款日记账和明细分类账的余额与有关总分类账的余额核对；

（8）期末，根据总分类账和明细分类账的记录编制财务报表。

汇总记账凭证账务处理程序如图 9－3 所示。

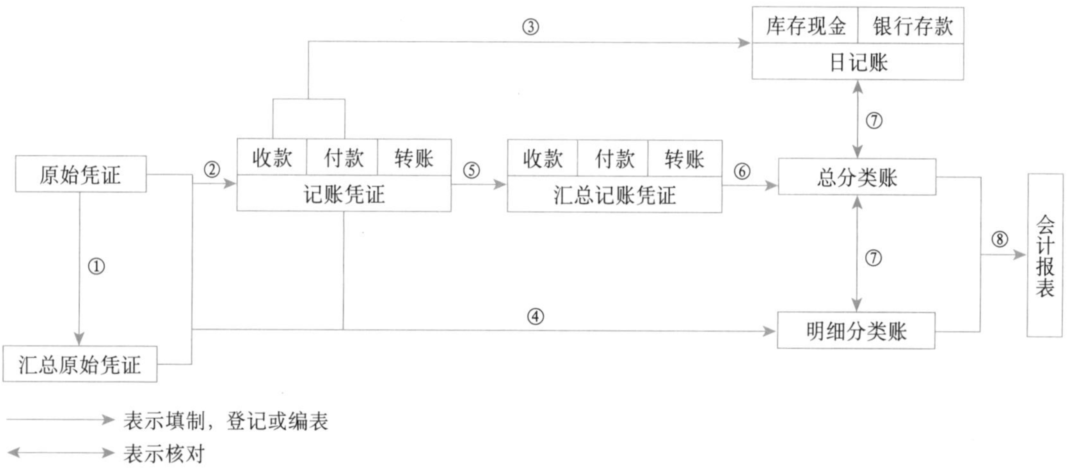

图 9－3　汇总记账凭证账务处理程序

三、汇总记账凭证账务处理程序的特点、优缺点和适用范围

（一）特点

汇总记账凭证账务处理程序与前述的记账凭证账务处理程序的区别主要在总分类账的登记依据和方法不同。它的特点是定期（5 天、10 天或 15 天）将全部记账凭证按收、付款凭证和转账凭证分别归类编制成汇总记账凭证，然后再根据汇总记账凭证登记总分类账。

（二）优缺点

汇总记账凭证账务处理程序的优点：由于汇总记账凭证是根据一定时期内的全部记账凭证，按照科目对应关系进行分类、汇总编制，可清晰地反映账户之间的对应关系，了解经济业务的来龙去脉，便于查对账目。总分类账根据汇总记账凭证于月终一次登记入账，减轻了登记总分类账的工作量。

汇总记账凭证账务处理程序的缺点：汇总转账凭证是按每一贷方科目设置，而不是按经济业务的性质归类、汇总，因而不利于会计核算的日常分工。另外，当转账凭证较多时，编制汇总转账凭证的工作量较大。

（三）适用范围

汇总记账凭证账务处理程序通常适用于规模大、经济业务较多的单位。

任务四　应用科目汇总表账务处理程序

任务导入

随着郑州乐康有限公司规模不断壮大，经济业务量复杂且数量较多，记账凭证数量也很多，该企业的会计人员不仅希望简化登记总账的工作量，同时希望能对会计记录进行试算平衡，你觉得该公司应选择哪种账务处理程序进行会计核算？

知识准备

科目汇总表账务处理程序又称记账凭证汇总表账务处理程序，它是根据记账凭证分类定期编制科目汇总表，再根据科目汇总表登记总分类账的一种账务处理程序。

一、科目汇总表的编制方法

科目汇总表是指根据一定时期内的全部记账凭证，按相同科目进行归类，并计算出每一总账科目本期借方、贷方发生额所编制的汇总表。

科目汇总表可以每月汇总 1 次，编制 1 张，业务量大的单位也可以 5 天或者 10 天汇总 1 次，每月编制 1 张，其格式如表 9－4 所示。

表 9－4　　　　　　　　　　科目汇总表

年　月　日至　年　月　日　　　　　　　　　　第　号

会计科目	本期发生额		总账页数	记账凭证起讫号数
	借方	贷方		
合计				

科目汇总表的编制方法是将一定时期内的全部记账凭证按照相同科目归

类，汇总计算出每一总账科目的本期借方发生额和贷方发生额合计数，填入表内，全部科目的借方发生额合计数应与贷方发生额合计数相等。为了便于编制科目汇总表，使得在分别汇总计算其借方和贷方金额时不易发生差错，平时填制转账凭证时，应尽可能使账户的对应关系保持“一借一贷”，避免“一借多贷”“一贷多借”和“多借多贷”。

科目汇总表的作用与汇总记账凭证相似，但它们的结构不同，填制方法也不尽相同。汇总记账凭证是以每一账户的贷方（或借方）分别按相对应的借方（或贷方）账户汇总一定时期内借贷方发生额；科目汇总表则定期汇总每一账户的本期借、贷方发生额，并不按对应账户汇总。因此，汇总记账凭证能够反映各个账户之间的对应关系，而科目汇总表不能反映各账户之间的对应关系。

小贴士：

在科目汇总表账务处理程序下，记账凭证、现金日记账、银行存款日记账、总账和各种明细账以及报表的设置均与记账凭证账务处理程序相同，只是增加了根据记账凭证编制的科目汇总表。科目汇总表的种类应与记账凭证的种类相适应。

二、一般步骤

科目汇总表账务处理程序的一般步骤是：

（1）根据原始凭证填制汇总原始凭证；

（2）根据原始凭证或汇总原始凭证填制记账凭证；

（3）根据收款凭证、付款凭证逐笔登记库存现金日记账和银行存款日记账；

（4）根据原始凭证、汇总原始凭证和记账凭证，登记各种明细分类账；

（5）根据各种记账凭证编制科目汇总表；

（6）根据科目汇总表登记总分类账；

（7）期末，将库存现金日记账、银行存款日记账和明细分类账的余额同有关总分类账的余额核对；

（8）期末，根据总分类账和明细分类账的记录编制财务报表。

科目汇总表账务处理程序的步骤，如图 9－4 所示。

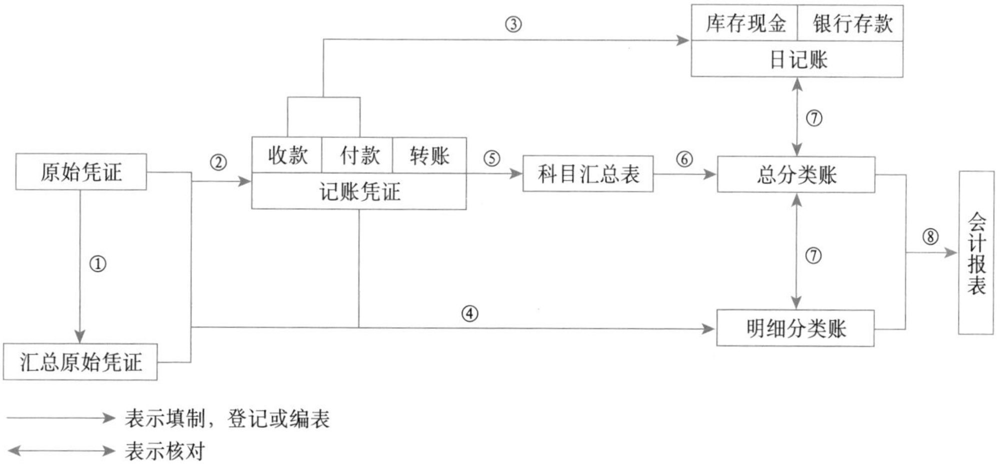

图 9－4　科目汇总表账务处理程序

三、科目汇总表账务处理程序的特点、优缺点和适用范围

（一）特点

科目汇总表账务处理程序的特点：定期地将所有的记账凭证编制成科目汇总表，然后再根据科目汇总表登记总分类账。

（二）优缺点

科目汇总表账务处理程序的优点：减轻了登记总分类账的工作量，并可做到试算平衡，简明易懂，方便易学。

科目汇总表账务处理程序的缺点：按照相同科目归类编制科目汇总表只反映各科目的借方本期发生额和贷方本期发生额，不能反映账户的对应关系，不便于查询账目。

（三）适用范围

科目汇总表账务处理程序一般适用于规模较大、经济业务量较多的单位。

项目总结

本项目共有四个任务，详细讲解了记账凭证账务处理程序、汇总记账凭证账务处理程序和科目汇总表账务处理程序三种不同种类账务处理程序。三种账务处理程序既有共同点，又都有各自的特点和适用范围。其各自特点主要体现在登记总账的依据和方法不同。

任务一主要讲述了账务处理程序的概念、意义及种类等基本知识。账务处理程序也叫会计核算程序，是指对会计数据的记录、归类、汇总、列报的步骤和方法。账务处理程序主要包括建立凭证、账簿和报表组织体系和记账步骤（程序）两部分内容。在我国，常用的账务处理程序主要有记账凭证账务处理程序、汇总记账凭证账务处理程序和科目汇总表账务处理程序。

任务二主要讲述了记账凭证账务处理程序的概念及特点、一般步骤、优缺点及适用范围。记账凭证账务处理程序是直接根据各种记账凭证逐笔登记总分类账的一种账务处理程序，它是最基本的账务处理程序，其他各种账务处理程序都是在这种账务处理程序的基础上发展而形成的。

任务三主要讲述了汇总记账凭证账务处理程序的概念及特点、一般步骤、优缺点及适用范围。汇总记账凭证账务处理程序是根据汇总记账凭证登记总分类账的一种账务处理程序。

任务四主要讲述了科目汇总表账务处理程序的概念及特点、一般步骤、优缺点及适用范围。科目汇总表账务处理程序是根据科目汇总表登记总分类账的一种账务处理程序。

项目十
编制财务会计报告

项目导航

知识目标	能力目标
• 掌握财务会计报告的概念和分类 • 熟悉财务报表编制的基本要求 • 掌握资产负债表的概念、作用与编制方法 • 掌握利润表的概念、作用和编制方法 • 掌握现金流量表的概念和格式	• 能熟练编制资产负债表 • 能熟练编制利润表

课程思政

人最宝贵的就是生命，生命对于每个人来说只有一次。人的一生应该这样度过：回首往事，他不会因为虚度年华而悔恨，也不会因为碌碌无为而羞愧；临终之际，他能够说："我的整个生命和全部精力，都献给了世界上最壮丽的事业——为解放全人类而斗争。"

——保尔·柯察金

财务报表是一个企业的年终总结，我们每一个人年轻的时候也应该想一想：等到我们的人生走到终点的时候，我们给自己的"人生报告"将会是什么样的呢？到那时，我们会说些什么？我们会"因为虚度年华而悔恨后悔"吗？我们会"因碌碌无为而羞愧"吗？我们应该怎样做才能"不会因为虚度年华而悔恨，也不会因碌碌无为而羞愧”呢？

财务会计报告是企业利益相关者获取会计信息的重要工具，也是一个会计期间会计核算的最终成果，是对会计核算工作的全面总结。企业财务会计报告由财务报表、财务报表附注和其他应当在财务会计报告中披露的相关信息和资料组成。本项目阐述了财务会计报告的意义、财务会计报告的内容，以及资产负债表、利润表、现金流量表的概念、格式和编制方法，并举例说明资产负债表和利润表的编制方法，简要介绍所有者权益变动表和附注。

任务一　财务会计报告概述

任务导入

郑州乐康有限公司 2021 年 1 月 1 日由李明和张辉共同投资设立，注册资本为人民币 100 万元。到了 2021 年年末，李明和张辉想知道这段时间公司的运营情况，于是要求财务提供相关资料。财务人员告知年终决算还未完成，要到次年一月中旬才能出财务会计报告。思考为什么财务人员不直接提供凭证、账簿给企业管理者查询，而是通过财务会计报告了解企业经营情况？财务会计报告又包括哪些内容？

知识准备

一、财务会计报告的概念与分类

（一）财务会计报告的概念

财务会计报告是指企业根据会计核算资料编制的，反映单位某一特定日期财务状况和某一会计期间经营成果、现金流量的总结性书面文件。它是企业根据日常会计核算资料归集、加工和汇总后形成的，是企业会计核算的最终成果，也是会计核算工作的总结。

企业编制财务会计报告的主要目的是向财务报表使用者提供与企业财务状况、经营成果和现金流量等有关的会计信息，为投资者、债权人、政府及相关机构、企业管理人员、社会公众等财务会计报告的使用者进行决策提供会计信息。

（二）财务会计报告的构成

企业财务会计报告由财务报表、财务报表附注和其他应当在财务会计报告中披露的相关信息和资料组成。

财务报表至少应当包括以下组成部分：①资产负债表；②利润表；③现金流量表；④所有者权益变动表（或股东权益变动表）；⑤附注。

资产负债表反映企业在某一特定日期所拥有的资产、负债及所有者权益的情况；

利润表反映企业在一定会计期间的经营成果，即利润或亏损的情况，表明企业运用所拥有资产的获利能力；

现金流量表反映企业在一定会计期间现金和现金等价物流入和流出的情况；

所有者权益变动表反映构成所有者权益的各组成部分当期的增减变动情况。企业的净利润及其分配情况是所有者权益变动的组成部分，相关信息已经在所有者权益变动表及其附注中反映，企业不需要再单独编制利润分配表。

附注是财务会计报告不可或缺的组成部分，是对在资产负债表、利润表、现金流量表和所有者权益变动表等报表中列示项目的文字描述或明细资料，以及对未能在这些报表中列示项目的说明等。

（三）财务会计报表的分类

财务会计报表按不同标准，主要有以下几种分类：

1. 按照财务会计报表所反映的内容不同可以分为静态报表和动态报表

静态报表是指反映企业某一特定日期的资产、负债和所有者权益等基本财务状况的报表，主要包括资产负债表；动态报表是指表现企业在一定期间内的经营成果及其在经营中对现金增减变化影响的报表，主要包括利润表、现金流量表和所有者权益变动表。

2. 按照财务会计报表编报的时间不同可以分为中期财务会计报表和年度财务会计报表

中期财务会计报表是以短于一个完整会计年度的报告期间为基础编制的财务会计报表，包括月报、季报和半年报等。中期财务报表至少应当包括资产负债表、利润表、现金流量表和附注。其中，中期资产负债表、利润表、现金流量表应当是完整报表，其格式和内容应当与年度财务会计报表相一致，中期财务会计报表中附注可适当简略，但至少应当披露所有重大事项。

年度财务会计报表是以一个完整的会计年度为基础编制的财务会计报表。年度财务会计报表一般包括资产负债表、利润表、现金流量表、所有者权益变动表和附注等内容。

3. 按照财务会计报表的报送对象不同可以分为内部报表和外部报表

内部报表是指为满足企业内部经营管理需要而编制的会计报表；外部报表则是指向企业外部公开的会计报表，主要供投资者、债权人、政府部门和社会公众等有关方面使用。

4. 按照财务会计报表的编制主体不同可以分为个别报表和合并报表

个别报表是指由企业在自身会计核算基础上对账簿记录进行加工而编制的会计报表；合并报表是以母公司和子公司组成的企业集团为会计主体，根据母公司和所属子公司的会计报表，由母公司编制的综合反映企业集团财务状况、经营成果及现金流量的会计报表。

二、财务报表编制的基本要求

（一）以持续经营为基础编制

企业应当以持续经营为基础，根据实际发生的交易和事项，按照《企业会计准则——基本准则》和其他各项会计准则的规定进行确认和计量，在此基础上编制财务报表。在企业以持续经营为基础编制财务报表不再合理时，应当采用其他基础编制财务报表，并在附注中声明这一事实、披露未以持续经营为基础编制的原因和财务报表的编制基础。

小贴士：

如企业当期已经决定或正式决定下一个会计期间进行清算或停止营业，表面处于非持续经营状态，应当采用其他基础编制财务报表。

（二）采用正确的会计基础

除现金流量表按照收付实现制原则编制外，企业应当按照权责发生制原则编制其他财务报表。

（三）财务报表报告期间

企业至少应当按年编制财务报表。年度财务报表涵盖的期间短于一年的，应当披露年度财务报表的涵盖期间、短于一年的原因以及报表数据不具可比性的事实。

（四）项目列报遵守重要性原则

重要性是指在合理预期下，财务报表某项目的省略或错报会影响使用者据此作出经济决策的，该项目具有重要性。

重要性应当根据企业所处的具体环境，从项目的性质和金额两方面予以判断，且对各项目重要性的判断标准一经确定，不得随意变更。重要性是判断项目是否单独列报的重要标准。

性质或功能不同的项目，应当在财务报表中单独列报，但不具有重要性的项目除外。

性质或功能类似的项目，其所属类别具有重要性的，应当按其类别在财务报表中单独列报。

《企业会计准则第 30 号——财务报表列报》规定在财务报表中单独列报的项目，应当单独列报。其他会计准则规定单独列报的项目，应当增加单独列报项目。

（五）保持会计期间项目列报的一致性

财务报表项目的列报应当在各个会计期间保持一致，除会计准则要求改变财务报表项目的列报，或企业经营业务的性质发生重大变化，变更财务报表项目的列报能够提供更可靠和对信息使用者更相关的会计信息外，不得随意变更。

（六）项目之间的金额不得相互抵销

财务报表中的资产项目和负债项目的金额、收入项目和费用项目的金额、直接计入当期损益的利得项目和损失项目的金额不得相互抵销，但其他会计准则另有规定的除外。

（七）比较数据的列报

当期财务报表的列报，至少应当提供所有列报项目上一个可比会计期间的比较数据，以及与理解当期财务报表相关的说明，但其他会计准则另有规定的除外。

财务报表的列报项目发生变更的，应当对上期比较数据按照当期列报要求进行调整，并在附注中披露调整的原因和性质，以及调整的各项目金额。对可比数据进行调整不切实可行的，应当在附注中披露不能调整的原因。

（八）在财务报表显著位置披露企业重要信息

企业应当在财务报表的显著位置（如表首）至少披露下列各项：（1）编报企业的名称；（2）资产负债表日或财务报表涵盖的会计期间；（3）人民币金额单位；（4）财务报表是合并财务报表的，应当予以标明。

三、财务报表编制前的准备工作

在编制财务报表前，需要完成下列工作：

（1）严格审核会计账簿和记账凭证是否一致，有关资料是否完整；

（2）进行全面清查资产、核实债务，并按规定程序报经审批进行账务处理；

（3）按照规定的结账日进行结账，结出有关会计账簿的余额和发生额，并核对各会计账簿之间的余额；

（4）检查相关的会计核算是否按照国家统一的会计制度的规定进行；

（5）检查是否存在因会计差错、会计政策变更等原因需要调整前期或本期相关项目的情况等。

任务二　编制资产负债表

任务导入

郑州乐康有限公司2021年年末的财务会计报告交由公司股东李明和张辉查阅。李明和张辉发现资产负债表中货币资金项目的金额和企业中现金与银行存款合计数不一致，于是向财务人员咨询。财务人员告知资产负债表中货币资金项目包括库存现金、银行存款和其他货币资金。在编制资产负债表时，有的项目可以根据总账账户余额直接填列，有的需要根据总账账户余额计算填列，有的要对总账账户和相关明细账户的余额分析填列。通过对资产负债表的阅读，可以看出企业资产、负债和所有者权益的总体情况，分析经营过程中存在的问题，为企业经营决策提供帮助。

知识准备

一、资产负债表的概念与作用

（一）资产负债表的概念

资产负债表是反映企业在某一特定日期的财务状况的会计报表。资产负债表是静态报表，根据“资产＝负债＋所有者权益”这一会计等式，按照一定的分类标准和顺序，将企业在一定日期的资产、负债和所有者权益项目适当分类、汇总、排列后编制而成的。

（二）资产负债表的作用

资产负债表可以反映企业资产的构成及其状况，分析企业在某一日期所拥有的经济资源及其分布情况；可以反映企业某一日期的负债总额及其结构，分析企业目前与未来需要支付的债务数额；可以反映企业所有者权益的情况，了解企业现有的投资者在企业资产总额中所占的份额。通过对相关比率的分析，可以帮助报表使用者全面了解企业的财务状况，分析企业的资产状况、盈利能力、偿债能力等，从而为未来的经济决策提供信息。

二、资产负债表的格式与内容

资产负债表一般有两种格式：报告式和账户式。在我国，资产负债表采用账户式的格式，即左侧列示资产，右侧列示负债和所有者权益。资产负债表应当分别列示资产总计项目和负债与所有者权益之和的总计项目，并且两者的金额应当相等。

资产负债表由表头和表体两部分组成。表头部分应列明报表名称、编表单位名称、编制日期、报表编号和人民币金额单位；表体部分反映资产、负债和所有者权益的内容。其中，表体部分是资产负债表的主体和核心，资产和负债应当按照流动性分别分为流动资产和非流动资产、流动负债和非流动负债，按流动性排列；所有者权益项目按稳定性排列。资产负债表主体结构如图 10－1 所示。我国的资产负债表的格式如表 10－1 所示。

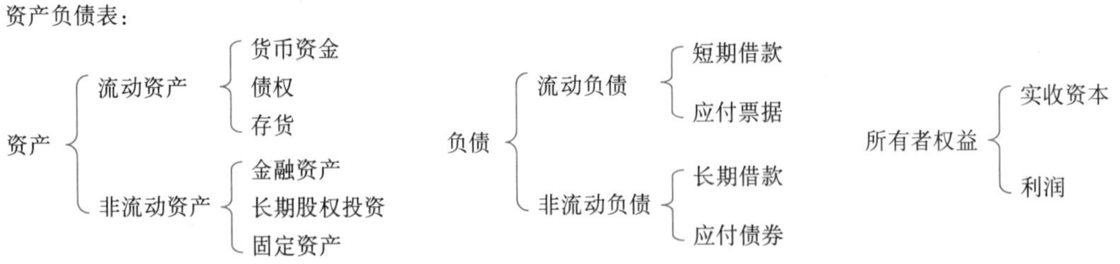

图 10－1

表 10 - 1　　　**资产负债表**

编制单位：　　　　年　月　日　　　　单位：元

资产	年初余额	期末余额	负债和所有者权益	年初余额	期末余额
流动资产：			**流动负债：**		
货币资金			短期借款		
交易性金融资产			交易性金融负债		
衍生金融资产			衍生金融负债		
应收票据			应付票据		
应收账款			应付账款		
应收款项融资			预收账款		
预付账款			合同负债		
应收利息			应付职工薪酬		
应收股利			应交税费		
其他应收款			应付利息		
存货			应付股利		
合同资产			其他应付款		
一年内到期的非流动资产			一年内到期的非流动负债		
其他流动资产			其他流动负债		
流动资产合计			**流动负债合计**		
非流动资产：			**非流动负债：**		
债权投资			长期借款		
其他债权投资			应付债券		
长期应收款			长期应付款		
长期股权投资			专项应付款		
其他权益工具投资			预计负债		
其他非流动金融资产			递延收益		
投资性房地产			递延所得税负债		
固定资产			其他非流动负债		
在建工程			**非流动负债合计**		
工程物资			**负债合计**		
固定资产清理			**所有者权益：**		
生产性生物资产			实收资本（或股本）		
油气资产			其他权益工具		
无形资产			资本公积		
开发支出			减：库存股		

续表

资产	年初余额	期末余额	负债和所有者权益	年初余额	期末余额
商誉			其他综合收益		
长期待摊费用			盈余公积		
递延所得税资产			未分配利润		
其他非流动资产			**所有者权益合计**		
非流动资产合计					
资产总计			**负债和所有者权益（或股东权益）总计**		

三、资产负债表的填制方法

资产负债表各项目需要按照“期初余额”和“期末余额”两栏分别填列。

（一）“期初余额”栏的填列方法

本表的“期初余额”栏应根据上年末资产负债表“期末余额”栏内数字填列。如果企业上年度资产负债表规定的项目名称和内容与本年度不一致，应当对上年年末资产负债表相关项目的名称和数字按照本年度的规定进行调整，按调整后的数字填入“期初余额”栏。

（二）“期末余额”栏的填列方法

资产负债表的“期末余额”栏内的各项数字，应以总分类账或有关明细分类账的期末余额为依据填列。有的项目可以直接填列，但也有一些项目不能直接填列，而需要对有关账户资料进行加工、调整计算后填列。具体填列方法主要有以下几种：

1. 根据一个或几个总账账户的期末余额填列

（1）根据总账账户的期末余额直接填列。资产负债表“期末余额”各项目的数字主要根据总账账户的余额直接填列。主要有：“交易性金融资产”“固定资产清理”“递延所得税资产”“短期借款”“应付票据”“应付利息”“应付股利”“应付职工薪酬”“其他应付款”“递延所得税负债”“实收资本（股本）”“资本公积”“盈余公积”等项目。

一般情况下，资产类项目根据其总账账户的借方余额填列，负债类项目根据其总账账户的贷方余额填列。

（2）根据总账账户的期末余额计算填列。资产负债表“期末余额”的某些项目要根据若干个总账账户的余额计算填列。例如“货币资金”项目，应根据“库存现金”“银行存款”和“其他货币资金”账户的期末余额合计填列；“未分配利润”项目，应按照“本年利润”和“利润分配”总账账户余额分析计算填列。如会计科目又有备抵账户，则要减去备抵账户。

2. 根据有关总账所属明细账户的期末余额分析填列

资产负债表“期末余额”的某些项目要根据有关总账所属明细账户的期

小贴士：

如果“应付职工薪酬”等项目，期末总账账户余额在借方，应以负数在资产负债表中进行填列。

小贴士：

“本年利润”和“利润分配”的余额均在贷方的，用两者之和填列；两者余额均在借方的，用两者之和以负数填列；两者余额一个在借方，一个在贷方的，用两者余额互相抵减后的差额填列。

末余额分析填列。例如“应付账款”项目，应按照“应付账款”和“预付账款”账户所属明细账户期末贷方余额计算填列。“预付账款”项目，应按照“应付账款”和“预付账款”账户所属明细账户期末借方余额计算填列。

3. 根据有关总账及明细账户的期末余额分析计算填列

资产负债表“期末余额”的某些项目要根据有关总账及明细账户的期末余额分析计算填列。例如“长期待摊费用”项目，应根据“长期待摊费用”总账账户期末余额减去一年内到期的长期待摊费用数额填列；“长期借款”项目，应根据“长期借款”总账账户期末余额减去一年内到期的长期借款数额填列；“应付债券”项目，“应付债券”总账账户期末余额减去一年内到期的应付债券数额填列。

小贴士：

一年内到期的长期待摊费用数额应在“一年内到期的非流动资产”项目填列；一年内到期的长期借款数额应在“一年内到期的非流动负债”项目填列。

4. 根据有关资产类账户与其备抵账户抵销后的净额填列

资产负债表“期末余额”的某些项目要根据有关资产类账户与其备抵账户抵销后的净额填列。例如“固定资产”项目，应根据“固定资产”总账账户期末余额减去“累计折旧”总账账户期末余额，再减去“固定资产减值准备”总账账户期末余额填列。

5. 综合运用上述填列方法分析填列

例如“存货”项目，应根据“在途物资”“原材料”“库存商品”“生产成本”“周转材料”“委托加工物资”“材料成本差异”“发出商品”等账户的期末余额合计，减去“存货跌价准备”账户的期末余额填列。

任务实施

任务实施　编制资产负债表

步骤一：通过会计账簿查询总账和有关明细账余额

步骤二：分析、计算填入资产负债表期末余额栏

步骤三：分别计算出各栏合计数，检查资产合计、负债和所有者权益合计数是否相等

郑州乐康有限公司 2021 年 12 月 31 日总账和有关明细账余额如表 10－2 所示。

表 10－2　　**总账和有关明细账余额表**

编制单位：郑州乐康有限公司　　2021 年 12 月 31 日　　单位：元

总账账户	明细账户	借方余额	贷方余额	总账账户	明细账户	借方余额	贷方余额
库存现金		850		短期借款			200 000
银行存款		251 000		应付票据			80 000
其他货币资金		50 000		应付账款			154 000
交易性金融资产		376 000			E 公司		65 000

续表

总账账户	明细账户	借方余额	贷方余额	总账账户	明细账户	借方余额	贷方余额
应收票据		100 000			F 公司	20 000	
应收账款		129 000			G 公司		109 000
	A 公司	139 000		预收账款			250 000
	B 公司		10 000		H 公司		350 000
预付账款		50 000			I 公司	100 000	
	C 公司	80 000		其他应付款			6 000
	D 公司		30 000	应付职工薪酬			158 652
其他应收款		5 000		应交税费			61 348
原材料		261 000		应付股利			
周转材料		3 400		长期借款			500 000
库存商品		520 000		实收资本			1 000 000
生产成本		198 000		盈余公积			200 000
长期股权投资		400 000		利润分配	未分配利润		519 250
固定资产		1 083 000					
累计折旧			289 000				
固定资产减值准备			16 000				
长期待摊费用		7 000					

根据上述资料，编制该公司 2021 年 12 月 31 日的资产负债表（见表 10－3）。

表 10－3 **资产负债表（简表）**

编制单位：郑州乐康有限公司 2021 年 12 月 31 日 单位：元

资产	年初余额	期末余额	负债及所有者权益	年初余额	期末余额
流动资产：	略		**流动负债：**	略	
货币资金		301 850	短期借款		200 000
交易性金融资产		376 000	交易性金融负债		
衍生金融资产			衍生金融负债		
应收票据		100 000	应付票据		80 000
应收账款		239 000	应付账款		204 000
应收款项融资			预收账款		360 000
预付账款		100 000	合同负债		
应收利息			应付职工薪酬		158 652
应收股利			应交税费		61 348
其他应收款		5 000	应付利息		
存货		982 400	应付股利		
合同资产			其他应付款		6 000
流动资产合计		2 104 250	其他流动负债		
非流动资产：			**流动负债合计**		1 070 000

续表

资产	年初余额	期末余额	负债及所有者权益	年初余额	期末余额
债权投资			**非流动负债：**		
其他债权投资			长期借款		500 000
长期应收款			应付债券		
长期股权投资		400 000	**非流动负债合计**		500 000
投资性房地产			**负债合计**		1 570 000
固定资产		778 000	**所有者权益：**		
无形资产			实收资本（或股本）		1 000 000
长期待摊费用		7 000	其他权益工具		
递延所得税资产			资本公积		
其他非流动资产			盈余公积		200 000
			未分配利润		519 250
非流动资产合计		1 185 000	**所有者权益（或股东权益）合计**		1 719 250
资产总计		3 289 250	**负债和所有者权益（或股东权益）总计**		3 289 250

任务三　编制利润表

任务导入

郑州乐康有限公司2021年年末的财务会计报告交由公司股东李明和张辉查阅。李明和张辉认真阅读了资产负债表中资产、负债和所有者权益的内容，公司经过一年的发展，资产达到将近150万，但其中固定资产所占比重较大。通过利润表看出本期净利润不足10万元，获利能力仍需提高。通过利润表分析企业的一定期间收入、成本和费用、净利润（或亏损）的实现及构成情况，分析企业的获利能力，为企业总结管理经验、制定未来决策提供帮助。

知识准备

一、利润表的概念和意义

利润表是反映企业一定会计期间经营成果的报表。利润表属于动态报表，是以“收入－费用＝利润”这一会计等式为依据编制的。

利润表是会计报表中的一张主要报表。通过利润表可以从总体上了解企业在一定期间收入、成本和费用、净利润（或亏损）的实现及构成情况。通过利润表提供的不同时期的数字比较（本期金额、上期金额），可以分析企业的获利能力及利润的未来发展趋势，了解投资者投入资本的保值增值情况。

二、利润表的格式和内容

利润表的格式主要有单步式利润表和多步式利润表。在我国，企业应当采用多步式利润表，将不同性质的收入和费用分别进行对比，以便得出一些中间性的利润数据，帮助使用者理解企业经营成果的不同来源。

企业可按以下三个步骤编制利润表（应单独列示反映下列信息项目）：

第一步：营业利润 = 营业收入（主营业务收入 + 其他业务收入） – 营业成本（主营业务成本 + 其他业务成本） – 税金及附加 – 销售费用 – 管理费用 – 财务费用 – 信用减值损失 – 资产减值损失 + 公允价值变动收益（ – 公允价值变动损失） + 资产处置收益（ – 资产处置损失） + 投资收益（ – 投资损失） + 其他收益

第二步：利润总额 = 营业利润 + 营业外收入 – 营业外支出

第三步：净利润 = 利润总额 – 所得税费用

利润表通常包括表头和表体两部分。表头应列明报表名称、编表单位名称、编制日期、报表编号和人民币金额单位等内容；利润表的表体，反映形成经营成果的各个项目和计算过程。我国企业利润表的格式一般如表 10 – 4 所示。

表 10 – 4 **利润表**

编制单位： 年 月 单位：元

项目	本期金额	上期金额
一、营业收入		
减：营业成本		
税金及附加		
销售费用		
管理费用		
研发费用		
财务费用		
其中：利息费用		
利息收入		
加：其他收益		
投资收益（损失以“—”填列）		
其中：对联营企业和合营企业的投资收益		
以摊余成本计量的金融资产终止确认收益（损失以“—”填列）		
净敞口套期收益（损失以“—”填列）		
公允价值变动收益（损失以“—”填列）		
信用减值损失（损失以“—”填列）		

续表

项目	本期金额	上期金额
资产减值损失（损失以“—”填列）		
资产处置收益（损失以“—”填列）		
二、营业利润（亏损以“—”填列）		
加：营业外收入		
减：营业外支出		
三、利润总额（亏损总额以“—”填列）		
减：所得税费用		
四、净利润（净亏损以“—”填列）		
五、其他综合收益的税后净额		
六、综合收益总额		
七、每股收益		
（一）基本每股收益		
（二）稀释每股收益		

三、利润表的编制方法

（一）“上期金额”栏的填列方法

“上期金额”栏应根据上年对应期间利润表“本期金额”栏内所列数字填列。如果上年该期利润表规定的各个项目的名称和内容同本期不一致，应对上年该期利润表各项目的内容和数字按本期的规定进行调整，填入利润表“上期金额”栏内。

（二）“本期金额”栏的填列方法

“本期金额”栏根据“主营业务收入”“主营业务成本”“其他业务收入”“其他业务成本”“税金及附加”“销售费用”“管理费用”“财务费用”“资产减值损失”“公允价值变动损益”“投资收益”“营业外收入”“营业外支出”“所得税费用”等账户的发生额分析填列。其中，“营业利润”“利润总额”“净利润”等项目根据该表中相关项目计算填列。

任务实施

任务实施　编制利润表

步骤一：通过会计账簿查询损益类账户本期发生额

步骤二：将损益类账户的发生额填入利润表的本期金额栏

步骤三：分别计算营业利润、利润总额、净利润

郑州乐康有限公司 2021 年 12 月 31 日损益类账户期末结转前发生额资料如表 10－5 所示。

小贴士：

“公允价值变动损益”和“投资收益”账户，本期如果为损失以“－”号填列。

表 10－5　　**损益类账户发生额**

编制单位：郑州乐康有限公司　　2021 年 12 月　　单位：元

项目	借方发生额	贷方发生额
主营业务收入		953 600
其他业务收入		64 000
投资收益		106 000
营业外收入		30 000
公允价值变动损益	10 000	
主营业务成本	534 000	
销售费用	94 870	
税金及附加	12 800	
其他业务成本	49 000	
管理费用	208 100	
财务费用	15 700	
营业外支出	10 000	
所得税费用	57 200	
合计	991 670	1 153 600

根据以上资料，编制 2021 年 12 月份的利润表（见表 10－6）。

表 10－6　　**利润表**

编制单位：郑州乐康有限公司　　2021 年 12 月　　单位：元

项目	本期金额	上期金额
一、营业收入	1 017 600	
减：营业成本	583 000	
税金及附加	12 800	
销售费用	94 870	
管理费用	208 100	
研发费用		
财务费用	15 700	
其中：利息费用		
利息收入		
加：其他收益		
投资收益（损失以“—”填列）	106 000	
其中：对联营企业和合营企业的投资收益		
以摊余成本计量的金融资产终止确认收益（损失以“—”填列）		
净敞口套期收益（损失以“—”填列）		
公允价值变动收益（损失以“—”填列）	－10 000	
信用减值损失（损失以“—”填列）		
资产减值损失（损失以“—”填列）		

续表

项目	本期金额	上期金额
资产处置收益（损失以“—”填列）		
二、营业利润（亏损以“—”填列）	199 130	
加：营业外收入	30 000	
减：营业外支出	10 000	
三、利润总额（亏损总额以“—”填列）	219 130	
减：所得税费用	57 200	
四、净利润（净亏损以“—”填列）	161 930	
五、其他综合收益的税后净额	略	
六、综合收益总额	略	
七、每股收益	略	
（一）基本每股收益		
（二）稀释每股收益		

任务四　编制现金流量表

任务导入

郑州乐康有限公司2021年年末的财务会计报告交由公司股东李明和张辉查阅。李明和张辉认真阅读了资产负债表和利润表，公司经过一年的发展，资产达到将近150万元，本年盈利。但是企业在日常运营中仍感觉吃力，经常入不敷出。在企业经营活动中，有一种说法叫“现金为王”。利润是账面上的数字，实际收到的利润可能比账上的少。企业有现金就可以周转，继续生产经营活动；但利润只要没变现，就不能为企业生产经营做贡献。所以要通过现金流量表了解企业获取现金及现金等价物的能力，预测企业未来现金流量。

知识准备

一、现金流量表的概念

现金流量表是反映企业在一定会计期间内现金和现金等价物流入和流出的报表。现金流量表是动态报表，可以为财务报表使用者提供一定会计期间现金及现金等价物流入和流出信息，了解企业获取现金及现金等价物的能力，预测企业未来现金流量。现金流量表对评价企业支付能力、偿债能力和周转能力，预测企业未来前景等方面，有着非常重要的作用。

现金是指企业库存现金以及可以随时用于支付的存款，包括库存现金、银行存款和其他货币资金（如外埠存款、银行汇票存款、银行本票存款等）。现金等价物是指企业持有的期限短、流动性强、易于转换为已知金额现金、价值变动风险很小的投资，通常包括三个月内到期的债券投资等。权益性投资变现的金额通常不确定，因而不属于现金等价物。企业应当根据具体情况确定现金等价物的范围，一经确定不得随意变更。

小贴士：

企业现金形式的转换不会产生现金的流出和流出：如提现备用、现金存行等；现金与现金等价物之间的转换不属于现金流量，如用现金或银行存款购买3个月到期的国库券。

二、现金流量表的格式和内容

我国企业现金流量表采用报告式结构。企业产生的现金流量分为三类：经营活动、投资活动和筹资活动产生的现金流量。

现金流量表由表头、正表和补充资料三部分组成。其中表头部分应列明报表名称、编表单位名称、编制日期、报表编号和人民币金额单位等内容；正表反映现金流量表的各个项目。我国企业现金流量表的格式一般如表 10－7 所示。

表 10－7 **现金流量表**

编制单位： 年 月 单位：元

项目	本期数	上期数
一、经营活动产生的现金流量：		
销售商品、提供劳务收到的现金		
收到的税费返还		
收到的其他与经营活动有关的现金		
现金流入小计		
购买商品、接受劳务支付的现金		
支付给职工以及为职工支付的现金		
支付的各项税费		
支付的其他与经营活动有关的现金		
现金流出小计		
经营活动产生的现金流量净额		
二、投资活动产生的现金流量：		
收回投资所收到的现金		
取得投资收益所收到的现金		
处置固定资产、无形资产和其他长期资产所收回的现金净额		
收到的其他与投资活动有关的现金		
现金流入小计		
购建固定资产、无形资产和其他长期资产所支付的现金		
投资所支付的现金		
支付的其他与投资活动有关的现金		
现金流出小计		
投资活动产生的现金流量净额		

续表

项目	本期数	上期数
三、筹资活动产生的现金流量：		
吸收投资所收到的现金		
借款所收到的现金		
收到的其他与筹资活动有关的现金		
现金流入小计		
偿还债务所支付的现金		
分配股利、利润或偿付利息所支付的现金		
支付的其他与筹资活动有关的现金		
现金流出小计		
筹资活动产生的现金流量净额		
四、汇率变动对现金的影响		
五、现金及现金等价物净增加额		
加：期初现金及现金等价物余额		
六、期末现金及现金等价物余额		

三、现金流量表的编制方法

（一）现金流量表的编制方法

现金流量表的编制方法主要有直接法和间接法两种。我国企业应当采用直接法列示。直接法是指通过现金收入和现金支出的主要类别列示经营活动的现金流量。采用直接法编制经营活动的现金流量时，一般以利润表中的营业收入为起算点，调整与经营活动有关的项目的增减变动，然后计算出经营活动的现金流量。

（二）现金流量表主要项目的填列方法

1. 经营活动产生的现金流量

（1）“销售商品、提供劳务收到的现金”项目，反映企业本年销售商品、提供劳务实际收到的现金，以及前期销售商品、提供劳务本期收到的现金（包括应向购买者收取的增值税销项税额）和本期预收的款项，减去本期销售本期退回的商品和前期销售本期退回的商品支付的现金。企业销售材料和代购代销业务收到的现金，也在本项目反映。

（2）“收到的税费返还”项目，反映企业收到返还的各种税费，如收到的增值税、营业税、所得税、消费税、关税和教育费附加等各种税费的返还款。

（3）“收到其他与经营活动有关的现金”项目，反映企业经营租赁收到的租金等其他与经营活动有关的现金流入，金额较大的应当单独列示。

（4）“购买商品、接受劳务支付的现金”项目，反映企业购买商品、接受劳务实际支付的现金（包括增值税进项税额），以及本期支付前期购买商品、接受劳务的未付款项和本期预付款项，减去本期发生的购货退回收到的现金。企业购买材料和代购代销业务支付的现金，也在本项目反映。

（5）“支付给职工以及为职工支付的现金”项目，反映企业实际支付给职工的现金以及为职工支付的现金，包括本期实际支付给职工的工资、奖金、各种津贴和补贴等，以及为职工支付的其他费用。

（6）“支付的各项税费”项目，反映企业按规定支付的各项税费，包括本期发生并支付的税费，以及本期支付以前各期发生的税费和预交的税金，如支付的教育费附加、矿产资源补偿费、印花税、房产税、土地增值税、车船使用税等。

（7）“支付的其他与经营活动有关的现金”项目，反映企业除上述各项目外，支付的其他与经营活动有关的现金，如罚款支出、支付的差旅费、业务招待费、保险费等。

2. 投资活动产生的现金流量

（1）“收回投资所收到的现金”项目，反映企业出售、转让或到期收回除现金等价物以外的短期投资、长期股权投资而收到的现金，以及收回长期债权投资本金而收到的现金。但不包括长期债权投资收回的利息，以及收回的非现金资产。长期债权投资收回的利息，在“取得投资收益所收到的现金”项目中反映。

（2）“取得投资收益所收到的现金”项目，反映企业因股权性投资而分得的现金股利，从子公司、联营企业或合营企业分回利润而收到的现金，以及因债权性投资而取得的现金利息收入。

（3）“处置固定资产、无形资产和其他长期资产所收回的现金净额”项目，反映企业出售固定资产、无形资产和其他长期资产所取得的现金，减去为处置这些资产而支付的有关费用后的净额。

（4）“收到的其他与投资活动有关的现金”项目，反映企业除上述各项目外，收到的其他与投资活动有关的现金；如果价值较大的，应单列项目反映。

（5）“购建固定资产、无形资产和其他长期资产所支付的现金”项目，反映企业购买、建造固定资产，取得无形资产和其他长期资产所支付的现金，包括购买机器设备所支付的现金（含增值税款）、建造工程支付的现金、支付在建工程人员的工资等现金支出。

（6）“投资所支付的现金”项目，反映企业进行权益性投资和债权性投资所支付的现金，包括企业取得的除现金等价物以外的短期股票投资、短期债券投资、长期股权投资、长期债权投资支付的现金，以及支付的佣金、手续费等附加费用。

（7）“支付的其他与投资活动有关的现金”项目，反映企业除上述各项目外，支付的其他与投资活动有关的现金；如果价值较大的，应单列项目反映。

3. 筹资活动产生的现金流量

（1）“吸收投资所收到的现金”项目，反映企业以发行股票、债券等方式筹集资金实际收到的款项净额（发行收入减去支付的佣金等发行费用后的净额）。

（2）“取得借款所收到的现金”项目，反映企业向银行或其他金融机构等借入的各种短期、长期借款而收到的现金。

（3）“收到的其他与筹资活动有关的现金”项目，反映企业除上述各项目外，收到的其他与筹资活动有关的现金；如果价值较大的，应单列项目反映。

（4）“偿还债务所支付的现金”项目，反映企业以现金偿还债务的本金，包括：归还金融企业的借款本金、偿付企业到期的债券本金等。

（5）“分配股利、利润或偿付利息所支付的现金”项目，反映企业实际支付的现金股利、支付给其他投资单位的利润或用现金支付的借款利息、债券利息所支付的现金。

（6）“支付的其他与筹资活动有关的现金”项目，反映企业除上述各项目外，支付的其他与筹资活动有关的现金；如果价值较大的，应单列项目反映。

4. 汇率变动对现金及现金等价物的影响

此项目反映企业所持外币余额由于汇率变动而发生的对现金的影响。

项目总结

本项目共有四个任务，详细讲解了财务会计报告的内容和编制方法。

任务一主要讲述了财务会计报告的概念、构成及分类，财务会计报告的基本要求。财务报表至少应当包括以下组成部分：资产负债表、利润表、现金流量表、所有者权益变动表（或股东权益变动表）、附注。财务会计报表按不同标准，从报表内容、编制时间、报送对象、编制主体四个方面进行分类。

任务二主要讲述了资产负债表的概念与作用；资产负债表的格式与内容及资产负债表的编制方法。资产负债表主要根据总账及相关明细账户的期末余额编制，根据各项目的编制方法不同总结了五种情况，并结合实例讲解。

任务三主要讲述了利润表的概念与作用；利润表的格式与内容及利润表的编制方法。我国采用多步式利润表，主要根据反映企业收入和费用情况的收入类账户、费用类账户的本期发生额编制。

任务四主要讲述了现金流量表的概念与作用；现金流量表的格式与内容及利润表的编制方法。能准确掌握现金及现金等价物的概念，正确区分经营活动、投资活动和筹资活动产生的现金流量。

参考文献

［1］中华人民共和国财政部. 企业会计准则［M］. 上海：立信会计出版社，2021

［2］中华人民共和国财政部. 企业会计准则应用指南［M］. 上海：立信会计出版社，2021

［3］财政部会计资格评价中心. 初级会计实务［M］. 北京：经济科学出版社，2021

［4］朱小平. 基础会计［M］. 北京：中国人民大学出版社，2021

［5］陈国辉. 基础会计［M］. 北京：清华大学出版社，2020